.

超專注力

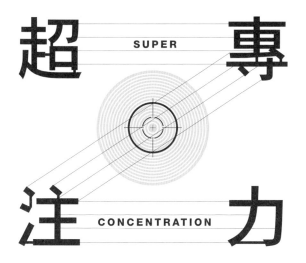

SUPER

CONCENTRATION

- 修訂版 -

洪啟嵩、龔玲慧

——

著

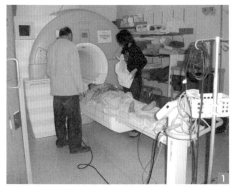

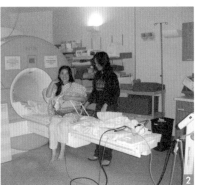

❶ 2009年11月洪老師應哈佛醫學院麻州總醫院（MGH）邀請，以龔老師為實驗對象，透過MRI核磁共振儀掃描，研究「禪定與放鬆狀態下腦成像」之差異。

❷ 龔老師在長達兩個多小時核磁共振儀掃描實驗結束後，仍神采奕奕。

❸ 2009年11月洪老師應MGH邀請，以龔老師為實驗對象，透過攜帶式掃描儀研究「禪定與活動中腦成像」之差異。

❶ 2009年11月洪老師以中華禪之卓越成就，接受美國舊金山市政府頒發榮譽狀表揚。

❷ 舊金山市政府頒予洪老師之榮譽表揚狀。

❸ 2011年11月洪老師於美國舊金山僑教中心演講「禪、中華文化與現代人——禪師與文學家的對話」。

❶ 2010年6月洪老師與龔老師於美國休斯頓僑教中心指導一日禪。

❷ 洪老師接受美國休斯頓美南電視台開播採訪。

❸ 洪老師接受美國洛杉磯電視台之採訪。

❹ 2009年洪老師於美國洛杉磯僑教中心演講。

① 2009年6月洪老師於美國肯薩斯市之經文處，為外交部駐外同仁講授放鬆解壓養生法。

② 2009年6月洪老師於美國紐約莊嚴寺主持禪十。

③ 2009年6月龔老師於美國紐約莊嚴寺禪十活動中指導外國學員如何禪坐。

❶ 2010年8月洪老師和龔老師及覺性地球師資群於淡水富邦教育訓練中心指導第一屆「專注力體驗營」，學員正在練習「靜坐心法」。

❷ 2011年8月龔老師於淡水主持第三屆「專注力體驗營」，學員正在練習「運動心法」。

❸ 2011年9月「專注力親子課程」中，龔老師指導小朋友「調身心法」調整頭部位置之動作。

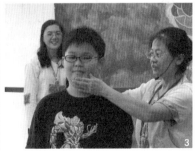

❶ 2012年8月「專注力親子體驗營」中，龔老師指導「睡覺心法」之動作。
❷ 2012年8月「專注力親子體驗營」中，龔老師指導放鬆手之練習。
❸ 2012年8月「專注力親子體驗營」中，小朋友認真的研究人體構造。

❶ 2012年9月龔老師於崇友文教基金會主持第五屆「專注力體驗營」。

❷ 2012年9月龔老師於崇友文教基金會主持第五屆「專注力體驗營」，現場示範、指導「調身心法」。

❸ 2012年9月「成人專注力體驗營」中，龔老師指導「走路心法」。

❶ 2012年8月洪老師於台南然雅
精舍主持禪七,龔老師擔任總
執事。

❷ 龔老師應慧炬南社邀請,於台
南市立文化中心演講「專注力
開啟成功之路」。

❸ 2013年1月26日龔玲慧老師（左）主持「小覺士論壇‧兒童幸福同萌會」，台灣兩百多位小朋友在國家圖書館，以英文踴躍與不丹前總理肯贊‧多傑（中）及前內政文化部長達高‧慈仁（右）幸福對話。

本書架構主要分三大部分：

⊃ Part1，告訴大家什麼是超專注力，每章開始皆以一簡單有效的觀想方法，讓讀者檢測是否具足此項能力，而練習後更能藉由此超專注力的培養，自然增長成為未來地球領袖需具足的十種特質——十力。

⊃ Part2，分為兩部分，A為核心理論架構，B為專注力課程中所教授之重點方法，透過這些方法的練習，不但能讓自己的心更柔和、更具足面對人生任何順逆情境的彈性與韌性，也能讓因課業、工作或種種社會壓力而感到疲累、狀況百出的身體更健康，生命漸漸充滿正面、積極與全面性幸福的能量。

⊃ Part3，以四個實際個案深入為大家剖析如何解決專注力不足的困擾。讓讀者在真實的情境中，更能了解超專注力不可思議的力量，並在生活各面向隨時隨地加以運用。

▶ 超專注力（SC, super concentration）的特色

1、24小時的SC

超專注力的與眾不同，在於深入生活的各個面向，讓

大家在24小時、行住坐臥間，隨時隨地都能培養、提升超專注力，讓自己每天時時刻刻都生活得更有活力、更有效能、更幸福、更自在。

2、身心雙管齊下、技巧心法兼備的SC

本套超專注力教學，技巧與心法兼備，透過書中教授的各種調練方法，從身、心雙管齊下，一方面由內（心）而外（身體），同時也由外（身體）而內（心），相輔相成，讓身心質能迅速躍升。

3、讓生命無限寬廣、全面幸福的SC

人生的成功與幸福，無法只仰賴片面的學業優異，或是事業成功、賺錢多寡；人生的成功與幸福，不是一個點，而是生命每個當下、每個面向的成功與幸福。超專注力由於可運用於日常生活的每個時刻與情境，因此透過超專注力的練習與提升，讓我們的人生不再有條件的幸福，協助我們創造人生全面的幸福。

4、培養地球未來領袖的SC

超專注力正向能量驚人，運用廣泛，透過恆常點點滴滴的累積練習，可讓大家漸漸具足未來地球領袖應具備的十種力量——願景力、執行力、自信力、慈悲力、智慧

力、學習力、創造力、專注力、健康力、完成力。

5、簡單易學的SC

方法簡單易學，不論是成人或孩童，不管是承受巨大壓力的上班族、學生族，還是退休想要養生長春的銀髮族，或是想要幫助小孩的家長、老師等等，皆可學習。不但成效立見，且不同族群皆能得到各自想要獲得的利益，因此，此課程至今受學者眾，深受海內外高度推崇！

▶ 超專注力學習基地：心禪堂

心禪堂位於人文薈萃的新店區，為滙集心靈書店、品茶品香、藝術空間、禪修養生等多元功能的人文空間。地點於交通便利的大坪林捷運站附近，希望提供繁忙的現代心靈一處休憩放鬆之地。在這靜謐優雅空間，可以與大師學習，也可與自己對話。

心禪堂　/　心茶堂
新北市新店區民權路108號10樓之3
電話：（02）2219-8189

line@ ID：@qan8300s

官網：http://heartea.com.tw
臉書：www.facebook.com/hearteahouse/

推薦序	以專注力創造幸福的人生	施振榮	018
推薦序	回到內在的專注力	鄭家鐘	020
作者序	幸福，從小開始！	洪啟嵩	022
作者序	許自己一個幸福的未來	龔玲慧	024

Part 1　什麼是超專注力？　26
～幸福的賈伯斯

A. 專注的人最幸福　028

B. 培養領袖的搖籃

1、願景力～專注讓你勇敢作夢，夢想成真　035

2、執行力～專注讓你腳踏實地，走向成功　039

3、自信力～專注讓你自信充滿，魅力無限　043

4、慈悲力～專注讓你熱愛自己，熱愛他人　046

5、智慧力～專注讓你洞燭機先，了了分明　050

6、學習力～專注讓你五感齊用，技藝超群　053

7、創造力～專注讓你活化大腦，突破框架　057

8、專注力～專注讓你心無旁騖，提升效率　060

9、健康力～專注讓你呼吸綿密，身心健康　063

10、完成力～專注讓你心智穩定，完成理想　067

Part 2 提升專注力，掌握幸福力 70

A. 核心理論
身心之連結 ————————————————— 072
- 專注、放鬆與大腦運作
- 地水火風空
- 心氣脈身境

B. 操作方法
1、靜坐心法～ 內功心法 ————————————— 086
2、清新心法～ 頭腦清明法 ————————————— 100
3、放鬆心法～ 放鬆、放下、放空 —————————— 104
4、按摩心法～ 變年輕漂亮的方法 —————————— 110
5、運動心法～ 身心舒暢的方法 ——————————— 117
6、調身心法～ 讓我們的身體恢復到
    如嬰兒般的身體 ————————————— 127
7、坐姿心法～ 上課專心法 ————————————— 146
8、走路心法～ 超高效率工作法 ——————————— 151
9、睡覺心法～ 睡覺長高法 ————————————— 158
10、快樂心法～ 天天開心又幸福 —————————— 165

Part 3 改命造運
不如改變你的專注力   172

1、動靜之間～ 超專注力讓你上課更專心 ──── 174

2、分心定心～ 超專注力讓你做事情不分心 ──── 180

3、打開心鎖～ 超專注力讓你心情愉快 ──── 185

4、五感學習～ 超專注力讓你展現最佳實力 ──── 189

│ **附錄** │ ● 我的專注力評量   194

● 我的幸福人生願景圖   198

● 我的成功方程式   202

● 我的理想完成表   206

以專注力創造幸福的人生

宏碁集團創辦人／智榮基金會董事長　施振榮

　　"專注" 對個人來說，是一項很重要的能力，我個人對於專注力的體驗很深，一路走來也因為不論做什麼事都十分專注，因此受用很多。

　　記得在我中學時，都要從鹿港坐客運到彰化上課，雖然車上的環境很吵雜，但我總能不受影響，在這樣的環境下讀自己的書，我想這是我對讀書的專注力。

　　不僅上課、讀書，時至今日我做許多事情依然十分專注，例如開會我也十分專注，我總是認真聽著別人所講的話，在專注的同時我也一直在動腦筋，提出許多創意，將潛能激發出來，往往會有意想不到的好建議，這是我自己的體驗。

　　我也發現，許多學生或上班族，做事情無法專注，結果在學習上或工作表現上就受到影響，對個人的長遠發展來說較為不利。

　　所以我的體驗是，能否培養專注力，是個人能否成功的重要因素之一，做事情能否專注，會影響做事的成敗，甚至人的一生幸福與否，值得我們重視。

很高興此次在本書中，看到可以透過一些方法來培養我們的專注力，同時也透過書中的許多故事和實例，讓讀者了解透過專注可以為人生帶來的效益及在日常生活中如何運用，並進一步學習到專注的技巧。

　　本書作者為禪學大師，他以禪法為根本，創發出超專注力學習法，透過培養願景力、執行力、自信力、慈悲力、智慧力、學習力、創造力、專注力、健康力、完成力，讓我們可以專注在人生的各個面向，同時透過作者規劃的操作方法，提升專注力，進而得以改變我們的生活，並養成隨時專注的能力，創造幸福的人生。

回到內在的專注力

台新銀行文化藝術基金會董事長　鄭家鐘

　　看到書名，談專注力。我從小看書、畫圖、寫字，常常渾然忘我，沉浸在一片光明中，老媽同學要叫好幾聲才能把我拉出自己那片清明虛空，也許這就是專注力使然。

　　長大後，卻常常身兼數職之外，也如多工伺服器同一時段處理多項任務，像特技表演轉盤子，七八個盤子保持旋轉維持重心不墜，這需要另一種關照全局拿捏事物的專注力，兩者看似不同，實則互為因果。就是心要非常定。

　　直到今天，我仍然享有這兩種專注力的庇蔭。

　　然而，世事紛擾雜沓而至，有時難免心隨境轉，為外在變化心湖起浪，端不平心中那盤水，自己會有覺知，找到一種方式切斷心與境的連結，脫離共振，需要轉移專注力，通常，靜坐或運動，讀書或寫作，都會帶領我回到內在的專注力，而進入一片澄明。

　　在人生當中，專注力不只是成功的關鍵因子，也是重回本我的一種能力，更是由心隨境轉到以心轉境的法門。

　　兩位大德作者提供一套具體可行簡單易得的心法，讓大家重回專注力的美妙境界，大有功德，爰推薦之。

專注是腦筋與心與靈合一的現象，專注是直通心靈最深處使生命力奮起的方法。

這本書教你如何放鬆地專注。相信這才是修心養性的第一步。

前統一集團總裁　林蒼生

專注，可以說是人生成功的重要基礎。

在佛經中說：「制心一處，無事不辦」而《大學》中所說的「定、靜、安、慮、得」，更是現代人安身立命的智慧箴言。幸福國度不丹，從小學就開始實施課前靜默，培養孩子安定的心志與幸福的智慧。

「超專注力」教學，讓現代人身心迅速達到安定、專注的狀態，運用在兒童和青少年的教育成效特別卓著，是開啟幸福人生的寶鑰！

金仁寶集團董事長　許勝雄

作者序

幸福，從小開始！

洪啟嵩

　　生命充滿了不可思議的力量，圓滿的生命教育，是以最珍重的心，尊敬每一個生命，幫助他們成就自己的圓滿。因此，如何教育孩子從小幸福，是父母師長最重要的教育學分。

　　邁入二〇一三年之際，以幸福著稱的不丹王國前總理肯贊・多傑與前內政文化部長達高・慈仁訪台，揭開了幸福的序幕。在「小覺士論壇・兒童幸福同萌會」中，他們與台灣兩百多位小朋友，在國家圖書館進行了一場幸福的對話。達高閣下提到，父母應視孩子為佛陀，以引導而非控制的立場來幫助孩子。二〇〇三年國際兒童年，我將世界各國的孩子及外星人畫成佛寶寶，也表達了「每個孩子都是佛」的理念。

　　二〇〇九年與不丹教育部長良博・包爾會面時，他提到不丹的小朋友上課前會有數分鐘的靜默練習。「**面對變動越來越快速的環境，我們無法掌握孩子會接觸到什麼。我們所能做的，是幫助孩子的心志安定清明，具足智慧，能夠判斷什麼是對他們有益的，什麼是有害的。**」良博部

長的憂心，是許多父母與師長共同的心聲，不丹教育以禪定幫助孩子幸福的智慧，與超專注力的理念不謀而合。

我從十歲開始學禪，這並不是像一般人所說的，從小就獨具慧根，而是被生命的苦迫所催動。五歲的時候，家中的炮竹工廠爆炸，我親眼目睹傷患在眼前哀號過世。七歲時，父親又因車禍而離世，因此，死亡的陰影，一直籠罩著幼小的心靈，我很害怕將來親人是否會一一離去。

所以，為了追求無死的方法，深入各家禪法，在數十年的親身體驗中，親證了禪法對人類身心不可思議的影響。然而，在古代，禪定往往是投注無比身心精力，透過長期專注修持者的專利品，無法普及於大眾，非常可惜。

因此，在數十年的禪定教學中，我不斷創發適合現代人學習的方法，簡單易學且效果顯著。從一九八二年的放鬆禪法、睡夢禪法，二〇〇二年的妙定禪法，到二〇一〇年超專注力學習法，更是一個嶄新的里程碑，特別適用於青少年和兒童身心發展的奇妙法門。超專注力學習法，能幫助兒童與青少年增長健康智能（HQ）與情緒智能（EQ），身心平衡發展，是養成地球領袖的不可思議教學法。

21世紀人類身心所面臨的挑戰，比以往更加艱鉅。期待本書能幫助大家擁有更大的生命力量，幸福的活著，活得幸福，並深刻體會到：活著，是多麼的幸福！

許自己一個幸福的未來

龔玲慧

　　多年來，追隨洪老師赴世界各地教學，看到許多人因此受益，同時自己也在過程中得到很大提升，這次能和洪老師合寫這本《超專注力》，感到莫大榮幸，感謝洪老師給予機會，參與將這些教學內容出版，使更多人得到利益。

　　在第一屆專注力開發課程的開幕式中，洪老師對這些年輕孩子的談話，讓我深受感動。他以年輕人的思考模式，用年輕人喜歡聆聽的方式，以及無限的關心和慈愛去和他們說話，分享他的生命經驗來鼓勵大家，更分享他對未來的想法和計畫，而這些主題都是年輕人有興趣的，諸如「外太空移民」、「未來地球可能遭遇的問題」。

　　洪老師的談話就好像在這些孩子們心中種下了一顆種子，一顆慈悲、關心眾人、關心環境的種子。他藉由故事讓這些孩子深深的感受到，他們要為未來的人類、未來的地球做一些事情。當下，我除了為這些孩子慶幸以外，更深刻體悟到，他們將會在下一個世代扮演非常重要的角色！聽到如此震撼的談話，又有幸參與專注力課程的教

學，當盡我所知來為這些學子講授課程！

　　一次又一次的專注力體驗課程，由高中生、大學生開始，受到廣大迴響，年齡層漸漸往下、往上擴散，陸續又開了「青少年專注力課程」、「兒童親子專注力課程」及「成人專注力課程」，而這些課程教授皆秉持洪老師一開始的指導，以各年齡層最喜歡、最能接受的方式，去告訴學員對他們最有幫助的方法，而這些方法不僅提升了他們的專注力，更是培養他們成為領袖的秘笈。

　　每一次專注力課程結束時，學員們總是在問下一梯次上課時間，看到這個方法對大家身心的改變，督促著我們持續開課；而看著每個人因為上這個課，專注力增加了、功課變好了、身體更強健、心情更愉快、個性更開朗、睡眠品質提升、心性更穩定、工作更積極也更有效率……數不完的正向改變，心裡更是為大家感到高興。

　　有一次一位家長提到，他從事教育工作，發現體制上所有課程都是知識性的教育，從未見過有任何課程像這個課程是教育孩子們的心，讓他們更慈愛、更愉快、更穩定、更能掌握自己的心。也因此，激勵我們要把這個方法透過書籍出版分享給更多人。

　　讓我們現在就開始培養超專注力，幫助我們的身心更健康，工作更有效率，生活更有品質，生命更幸福，人生更成功！

Part 1

什麼是超專注力？
～幸福的賈伯斯

在Part1裡，我們將透過一則又一則的人物故事，
導引出超專注力的優點，告訴大家超專注力的內
涵是哪十力，要如何培養具足領袖特質的青年，
以及為什麼專注的人最幸福。

專注的人最幸福

　　羅丹從小就是個人見人愛的孩子，每天早晨不需要媽媽叫，就會自己起床漱洗，準備上學。有時候媽媽前一天加班比較晚，他還會自己做早餐，吃完後就自己搭公車去學校。

　　在學校永遠笑容滿面的他，是老師們心目中的好學生，上課時專心聽講，有不懂的地方立刻問老師，和每一位老師的互動都很好，老師們都很喜歡羅丹的參與，有了他，課堂的氣氛總是生動活潑。而他除了上課時協助老師，下課時也是老師的好幫手，大家都讚嘆為什麼會有這麼乖的孩子！

　　同時，羅丹也是同學們心目中的好夥伴、好兄弟，同學有問題問他，他永遠知無不言，同學找他玩耍，他也是最好的玩伴，大家都說為什麼有人生性這麼開朗！

　　放學後他不需媽媽接送，自己會去補習班報到，那天要補什麼，他比媽媽還清楚。他不只把自己課業照顧得很好，回到家，房間也整理得井然有序，甚至還會幫媽媽做家事。大家都很疑惑，同樣一天二十四小時，他為什麼可

以做這麼多事！

　　有一次羅丹和朋友們在玩耍，看到一隻小鳥尾巴被一條拖了很長的繩子綁著，他看了心裡很不捨，想盡辦法要抓到小鳥幫牠解開繩子。朋友們不解的問他：「你為什麼一直追著那隻很醜的小鳥？」他告訴他的朋友們：「如果沒有人將小鳥身上的繩子解開，這繩子將跟著牠一輩子，尾巴如此被纏繞著，除了飛行有困難以外，身體有多麼不舒服啊！」最後他仍然沒有辦法抓到小鳥，還因此為小鳥擔心了好久。

　　但是他對於自己是否擁有什麼，卻看得很開。有一次羅丹最心愛的玩具被人弄丟了，他好傷心，痛哭了十分鐘。哭完後，媽媽很擔心他是否還很難過，不知該如何安慰他，沒想到他居然很灑脫的說：「沒有關係，我還有其他的玩具。」不一會兒，媽媽又看到他玩得非常開心，好像什麼都沒發生，足見他對身邊事物的態度是──有，很好；沒有，也很好。世間似乎沒有事情能打擊得了他。

　　他很喜歡看書，小時候家境不是很好，沒什麼課外讀物，所以每學期發新書那一天，他最快樂了！拿到書後，一回家就迫不及待的拿出來，靜靜的一個人坐在角落，將書全部讀完。他總是在開學前就將各科課本都看過一遍。

　　小學、國中、到高中進名校，他的功課一向名列前茅，各科成績平均都在九十分以上。有一次因為生病請了

不少假，結果生物考了五十八分，生平第一次考不及格，也是第一次考低於八十分，偏偏那次題目很簡單，全班只有他和另一位考八十八分的同學，兩個人的成績未達九十分，但他並沒有因此沮喪或自暴自棄，下一次月考時，題目難到全班只有五個人及格，其中有四位六十多分、一位九十八分，而他就是那一位。他不會因為挫折而放棄，永遠能接受並面對問題、解決問題。

　　他從小學就開始思考自己的未來，希望長大後，做一個對社會大眾有幫助的人，於是仔細評估過科學家、企業家、醫生、政治家和老師等幾個職業。最後他決定要當老師，因為這個工作可以直接面對大眾，而且老師所能給的，不同於其他的行業，當老師還可以照顧大眾的心。

　　羅丹在二十歲時就將他的人生規劃完成，訂定了短、中、長期計畫。每年年底時，他總會訂定來年的計畫，並審視過去一年的執行成果，幾乎每年他都完成百分之九十以上的目標。但是他不會給自己壓

力，致力一定要做到多少，而是目標訂定後，就不再去想它，直接放手去做，直到年底才檢視他的目標。

　　他，永遠活在當下，沒有過去心、未來心，也沒有現在心，因此，他的心反而是最自由的，他的生命是如此豐富，如此精采，卻也如此自在！

為什麼專注的人最幸福？

- 因為他具有「願景力」，能擘劃他的人生方向，完整規劃他的人生，進而擁有他所想要的人生。
- 因為他具有「執行力」，該做的事，立即就去做，因此可以達成他的目標，完成他的夢想。
- 因為他具有「自信力」，能肯定自己，也肯定別人，知道如何發揮自己的優點，勇於承擔，並散發安定的力量。
- 因為他具有「慈悲力」，他的心是廣大、沒有障礙的，因此他能得到愛戴，建立良好的人際關係。
- 因為他具有「智慧力」，對人事物觀察敏銳，因緣看得清楚透澈，所以他沒有煩惱。
- 因為他具有「學習力」，永遠在進步，永遠不會被淘汰。
- 因為他具有「創造力」，不會活在框框裡，永遠都在創造生命更多的價值。
- 因為他具有「專注力」，上課時專心上課，工作時專心工作，休息時專心休息，做任何事都具超高效率。

- 因為他具有「健康力」，有體力可以做很多事情。
- 因為他具有「完成力」，不會虎頭蛇尾，能完成目標，
  實現理想。

▶ 培養幸福的賈伯斯

　　我們放眼看古今中外有成就的人都具足上述大部分的
能力。

　　但人畢竟不是完美的，就如同蘋果的創辦人賈伯斯，
二〇〇六年《富比士雜誌》評論他是「世界上最呼風喚雨
的人物」，二〇〇九年十一月又封他為「十年最佳執行
長」，而二〇〇九年十月「Junior Achievement」公布的一
份民調顯示他是「全美青少年最崇拜的企業家」。

　　他，具足願景力、執行力、自信力、創造力、學習
力、專注力、完成力，但是他幸福嗎？他對自己好不好？
許多人崇拜賈伯斯，也有人對他持負面印象，如果賈伯斯
能夠補足超專注力所具足的智慧力與慈悲力，相信他會對
自己更慈悲，對別人更圓融，人生會更溫暖、更圓滿，成
為全面幸福的賈伯斯。

　　又如，史上有名的拿破崙，他一生的傳奇常為世人所
樂道，他是法國人的驕傲，他的戰功震驚全歐洲。

　　他，天才橫溢，毅力非凡，被譽為「英雄中的英

雄」。但是他的冒進衝動、過度自信等人格缺憾，卻也使得他最後功敗垂成。如果當時拿破崙擁有超專注力所具足真正且恰當的自信力，同時能夠學會放鬆、放下，相信他會更了解自己及外在條件的變化，在適當的時候做出適當的抉擇，成為全面幸福的拿破崙。

而提出「相對論」震撼全世界的偉大科學家愛因斯坦曾說：「我自己就體會到，既要從事嘔心瀝血的腦力活動，又要保持著做一個完整的人，那是多麼困難呀！」

愛因斯坦的一生充滿矛盾，他為人和藹友善、謙虛卻又特立獨行，據說在一九一七年曾因整天忙於科學研究而身患各種疾病。他說：「我日常的生活是吸煙像煙囪，工作像騾馬，飲食無所顧忌，不加選擇。」

愛因斯坦因過度運用腦力，使得體力衰退，看起來總是比實際年齡老，如果那時候他擁有超專注力所具足的健康力，相信他的生活會更有秩序，會對自己更好，進而妥善照顧自己的身體，讓身體更健康，成為全面幸福的愛因斯坦。

要成就幸福的人生，點或片面的成功是不夠的，可惜我們往往都只關注在事業、學業的成就，錯認了生命幸福的本源，忽略了生命其他的面向。許多人汲汲營營的追尋，或許得了事業、得了財富，但卻失了健康或失了幸

福。

　現在，就讓我們運用書中所介紹的心法導引及觀想練習，以超專注力開創全方位的自我，培育生命幸福圓滿的下一代！

願景力 |專注讓你勇敢作夢，夢想成真|

▶ 觀想你的房間

想像自己的房間（必須你不在房間裡），如果你是在房間裡面，就想像你的辦公空間，試著將這個空間想得很清楚。

首先，我們想想看你的房間有哪些東西。是不是有書桌？有床？有櫃子？你書桌的位置在哪裡？桌子上面放了什麼東西？例如你桌子上有燈，燈在哪裡？書在哪裡？文具的位置在哪裡？是不是有電話？電話在哪裡？電腦在哪裡？把它們的位置想清楚，把它們的擺設想清楚，這房間的景象就好像一張照片一樣，映照在你的腦子裡面。

我們再來想像房間裡面還有什麼東西。是不是

有床？床上有什麼東西？你的枕頭、你的棉被，你的床頭擺設、床單的顏色、花紋，你是不是能將這所有景象想得清清楚楚？它們的顏色，它們的樣子，就像照片一樣映照在你的腦子裡面。房間裡面是否有櫃子？是書櫃還是衣櫃？它們有多大？它們的樣子？它們的顏色？衣櫥裡面的衣服是什麼樣子？架子是怎麼擺設的？如果是書架的話，書架的大小、樣子、顏色，書架上面有哪些書？你是不是能想得清清楚楚？包括每個細節都像照相一樣。

除了這些以外，你的房間裡面還有些什麼東西呢？房間的地面是木板？瓷磚？還是鋪地毯？地面上是不是還有放著電扇？暖爐？或是椅子？椅子長什麼樣子？地面空間是乾淨的？還是凌亂的？地上是不是有很多雜物堆著？還是一塵不染？整個地面的規劃、空間顏色是否能想得非常清楚？現在你整個房間的地面都能夠看得清楚，地面上的桌子、椅子都能夠看得清清楚楚。

接著再來看看你房間四周是不是有牆壁？牆壁的顏色是什麼？是油漆還是壁紙？房間裡面有沒有窗戶？窗戶是什麼樣子？是什麼顏色？有沒有窗簾？窗簾是開著還是閉著？窗外的風景是什麼？

現在整個房間都想清楚了，你是否有辦法將整個房間全貌都烙印在你的腦海裡面？是否不管張眼閉眼，你都可以很清楚看到你房間的全貌，包括你的地面、牆壁、桌子、椅

子、櫃子、書架、床，以及這些家具上面的每樣東西，全部都一覽無遺。

如果你對上面的觀想可以想得很清楚，你在擘劃你的人生願景時，就很容易建立宏觀的視野，做完整細密的規劃，並引導我們向前，讓我們掌握方向，成為一位成功的人。如同賈伯斯在創造蘋果電腦及iPhone的時候，他已經看到完成的產品，這就是願景力。如果你發現很難想得清楚，那是因為你的超專注力訓練還不夠，可以藉由練習本書Part2的靜坐心法及清新心法，讓你在擘劃人生願景時，心能夠更清楚，觀想得更仔細，建構得更完整。

敢作夢的人，有勇氣築夢的人，就有希望能夠夢想成真；不敢作夢也沒有勇氣築夢的人，過著沒有願景的人生，只能隨波逐流。

一九六三年美國黑人民權運動領袖金恩博士帶著二十五萬民眾走向華盛頓，並發表全世界著名的演說「我有一個夢」，這段演講撼動了很多人的心，感動了許多人追隨他去實踐他所描繪的理想，而因為他的努力，迫使美國國會在一九六四年通過「民權法案」，宣布種族隔離和人種歧視是非法的政策。他的努力從沒停止過，他也讓人了解人生而平等的真諦，並於一九六四年獲頒諾貝爾和平

獎。

華德‧迪士尼是二十世紀偉大的夢想家之一，他勇於追夢，如果沒有他，世界上的孩子就少了現實中的童話世界，因為他的夢、他的願景創立了迪士尼樂園。

所有在歷史上扮演重要角色的人都有他的夢想。一個人能夠成功，首先必須能夠作夢，擘劃願景，他的心越大，他的成就也就越大；如果你不敢作夢，如果你的心小小的，你所能夠成就的事業也就小小的。你的膽量夠大，你的願景夠大，你的成功也就更大！

願景力是成為一位領袖不可或缺的因素，能夠有廣大的心願，才能夠成就自己，也成就大眾。

執行力　|專注讓你腳踏實地，走向成功|

▶ 看看你每一步能夠走多慢

　　腳跟先提起來，慢慢的將腳跟、腳掌和腳的兩邊都提起來，看清楚腳踝的運作，角度的轉變；腳踝慢慢的轉動，然後將你的腳掌提起來；慢慢的你的膝蓋提了起來，你的大腿提起來；慢慢的將你的膝蓋往前跨出去，你的腳從空中慢慢的著地；你的腳跟先踏上來，再來你的腳掌也慢慢踏上來了，全部慢慢的、完整的踏到地上，看看我們這一步能夠走多慢。雖然慢，但是你的這一步，腳的動作從頭到尾都是連續的，沒有靜止的動作。

　　當你試著走很慢的時候，你會發現很困難，因為你的心很急，很想趕快走下一步，你的心慢不下來的時候，你的腳步就慢不下來。漸漸的，當你越來越能夠掌握、放慢腳步去走，你的每一個腳步都能夠清清楚楚的時候，你會發

現你的心越來越安定，越來越不急躁，越來越能夠耐得住寂寞，這時你知道你的手在哪裡、腳在哪裡，更知道你的心在哪裡。

你如果對上面的練習可以做得徹底，就具有做事情的執行力！當你的每一個步伐踏得實在，每一個步伐踏得清楚，每一個步伐踏得心非常安定時，你就能夠確實的活在當下，不急不躁、不猶豫不苟簡，對所有周遭的因緣細節都很清楚，能很快速的應對。你會觀察最佳的因緣去做，該做的時候沒有任何質疑，具足最高的實踐能力。如果你發現很難做得徹底，那是因為你的超專注力訓練還不夠，可以藉由練習本書Part2的走路心法，幫助你增進執行力。

有許多人常對我（洪）說：「你好有意志力，不管做什麼都能夠堅持去做，並完成它！」而我總是回說：「這不是意志力，我只是要做，就去做了！」

執行力之所以強，是因為沒有設限，也沒有被設限，因此做的每一件事情都能超乎想像。比如我從沒有學過畫畫，四十歲之後，有學生希望我能畫一些東西，我就開始作畫，不只畫佛畫，也畫人物、風景、花草、動物。

之後有人說我的風景畫中，風會吹、水會流；人物畫中，不只眼睛看著你，連頭都會跟著你轉，於是就經常問

我：「老師，你畫得這麼好，是因為從小習畫嗎？」唉，想這麼多，做就是了！

為什麼歷史上的偉人執行力都很強，為什麼每一位成功的人執行力都很強，那是因為他們該做就立即去做。

一般人之所以做不到，是因為我們沒有活在當下，我們有著過去的包袱，有著對未來的不安，以及對現在的自己沒有信心，我們總是畫地自限，自己和自己打架。

從現在起，就由練習走路開始，讓你活在當下。執行力是不需要意志力的，有一個意志力，要去堅持這個意志力是很累的，讓我們就直接邁開大步，去做就對了！

你是否也正穩健踏實地朝著你的目標前進？你是否正在努力實踐你的目標？你是否做了就不會再退怯？

大家都知道蘋果電腦創辦人賈伯斯的字典裡面沒有「妥協」這個字眼，他決定要做的事情沒有人能夠阻擋，他的執行力非常的強，當他找到人生該走的道路時，他就有著一股令人意外的能量，不僅以他的執行力創造了蘋果，推出蘋果二號和麥金塔，更開創出iPhone、ipod等等。我們無法想像如果沒有賈伯斯，今天的微電腦會是什麼樣子？今天的電腦、電話會有這麼漂亮的流線造型嗎？我們的螢幕會布滿圖示嗎？

這些人除了有夢築夢，還有著強大的執行力。沒有執行力，只有夢的人，是很難美夢成真的。萊特兄弟飛上藍天的夢想，鍥而不捨的研究努力，讓我們今天能翱翔天際，他們和賈伯斯一樣，不只讓自己的夢想實現，更讓世人的美夢成真。

　　沒有執行力是不可能達到目標的，不論我們描繪的願景有多具體，如果沒有去做，結果都是零。從現在開始，就讓我們大家一起來練習走路心法，讓我們腳踏實地，一步一步走向成功！

自信力 |專注讓你自信充滿，魅力無限|

▶ 大地的觀想

找一張很漂亮的大地照片，用這張照片做觀想。

如果你現在正坐在一大片漂亮草坪上，或是很美麗的沙灘上，也可以就你眼前的景象觀想。

很輕鬆的坐著，身心完全的放鬆，以很輕鬆的心情看著大地，想像你自己有如大地一樣的安住不動。

現在把一切放下，讓你和大地合為一體，你就是這塊大地，大地就是你，放鬆且專注的看著，直到不管睜眼或閉眼，你都可以很清楚的看到大地，你都可以很清楚的感覺到你就是這一片大地。

進階練習：

在我們觀想自己是大地成就之後，我們再繼續觀想。

你可能會發現這塊大地上有一些雜質，有高低，有石頭，現在就讓我們將大地變得很清淨、很美麗、很光明。我們將這塊大地上所有的碎石頭全部拿掉，一塊一塊的拿掉，直到這大地上的雜質全部拿掉為止，再繼續將不平坦的地方剷平，並讓大地越來越清淨、越來越光明，漸漸的，見到你自己化身的這塊大地變得潔淨，像黃金一樣的精純。

　　如果你可以想得很清楚，表示你是一位有自信的人，你的心猶如大地一樣安住不動，像大地一樣可以承載一切，像大地一樣無畏溫暖。大地就像慈母一樣，永遠為我們承擔，永遠支持我們，大地永遠具足最大的勇氣。如果你能觀想清楚你自己就是大地，表示你的心中有著源源不絕的自信，所有的恐懼和害怕已由你的心靈、氣息及身體中離去，當這種無畏的自信在心中滋長時，幸福的光明就會環繞我們。

　　如果前面的觀想沒辦法想得很清楚，那是因為你的超專注力不夠，你對你的心磨練不夠，你的心沒有辦法那麼坦蕩、放下，這時可以配合Part2的靜坐心法（內功心法）及快樂心法，讓我們心中快樂、安心、自在的力量更強。

　　自信的人，做事情時絕對是很專注的，具有強大的行動力，具有超越困難及勇於承擔的能力。

自信不是自戀，他知道自己有什麼、沒有什麼，知道如何發揮優點並補強自己的不足，而且不會害怕或討厭自己的缺點，會面對自己的缺點，讓缺點變成優點；有自信的人也不會將自我的價值建立在他人身上，不會因別人說他不好而墮落難過，更不會受到別人吹捧而驕傲自大。

　　成功的人，一位能描繪出願景並執行的人，必須是具有自信的人。一個有自信的人，渾身散發安定的力量，散發深層的魅力，能讓身邊共事的人安心，能夠協助大家、鼓舞大家，會讓人不由自主地想跟隨他。

　　有自信的人不會怕自己不行、怕別人比他好，能夠看到別人的優點，知人善任，廣結善緣，會肯定自己也肯定別人，對生命永遠充滿熱忱；有自信的人不吝於分享，以他的高度不需要傲慢，具足最大的謙卑，能將注意力放在別人身上，而不是在自己身上，具足了真正的魅力！

　　聖雄甘地曾說：「有信心，即不知道失望。」以及「懦夫是不會有愛的，愛是勇者的特性。」他帶領國家邁向獨立，脫離英國的殖民統治。他的勇氣、他的自信，幫助他成功領導「非暴力不合作運動」等方面的功績，他的崇高人格得到了世人的景仰和愛戴。

　　讓我們大家一起擺脫恐懼，接受自己，喜愛自己，相信自己，你會發現做任何事情都能夠更專注、更充滿自信、更散發魅力！

慈悲力 | 專注讓你熱愛自己，熱愛他人 |

▶ 心的觀想

　　想像在你的心中升起一
輪明月，月光很明亮、很清
淨，這輪明月就放在你的心輪
裡面，心輪在我們胸部前後左
右的正中間。

　　現在我們想像這個在你心輪
裡面的月亮越來越大，越來越大，由
十公分到三十公分，到六十公分，到一公尺、兩公尺，這月
亮大到和房間一樣大，大到像整棟樓房這麼大，大到有如台
北市的大小、台灣的大小、亞洲的大小、地球的大小。現在
在你心輪中的這個月亮已經大到和地球一樣大，和太陽系一
樣大，和銀河系一樣大，越來越大，最後遍滿整個宇宙。

　　這個月亮是這樣的清淨、這樣的明朗，當月亮遍滿整個
宇宙的時候，它開始慢慢縮小，這時我們的心還是如此沉
靜，這個心月也是同樣的沉靜，由遍滿整個宇宙，縮小到銀
河系、太陽系，縮小到地球大小、亞洲大小，再縮小到台灣

大小、台北大小，一棟房屋的大小，一間房間的大小，縮小到一公尺、半公尺，縮小到原來的大小。

你的心有多大，你的心月就有多大，你的心有多自由，你的心月就能多自由的縮放。

如果你能觀想得非常清楚，你的心是很廣闊的，心中充滿平和及感恩，你是隨時能夠自利利他的。如果你沒辦法觀想得很清楚，那是因為你的超專注力訓練還不夠，除了持續做這個觀想練習，還可以藉由Part2靜坐心法及快樂心法的練習，讓你有無窮的心力來觀照一切的事情。

當你的心量是這麼大、這麼廣闊的時候，你的許多障礙都會消失，你對人的慈悲、對事物的關心也將是廣大的。而當你超專注力的練習逐漸鞏固，你能把這觀想做得清楚時，你的心是沒有極限的，心中充滿無限喜悅與寧靜，這時候不僅你活得快樂，你的心更能夠如明月般照亮

所有人的心，使我們周遭的人充滿吉祥和幸福。

每個人生命中最重要的，不外乎事業、家庭和健康，而要使這三者圓滿，首先需要慈悲。

你要對你自己慈悲，你的身心才會健康；對你的家人慈悲，你的家庭一定和樂，你家人和你關係一定很好；對你的事業慈悲，對你的同事、客戶慈悲，你的事業自然圓滿，你的人際關係自然增長。

泰瑞莎修女一生中曾十八次被提名為年度最受尊敬人物，而她在獲頒諾貝爾和平獎發表感言時提到：「我們能為促進世界和平做些什麼呢？」之後她接著說：「回到家裡，愛你的家人。」

是呀！如果每個人都愛你的家人，這世界會充滿更多的希望、充滿更多的溫暖，不愛自己、不愛家人的人，是沒有辦法愛別人的！泰瑞莎修女一生奉獻，她的慈悲是如此的廣大，她對生命是如此的溫柔，就讓我們學習她的慈悲，以表達對她的懷念與敬仰。

與泰瑞莎修女評價截然相反的微軟，因為壟斷市場的負面形象，加上比爾蓋茲過去多年蟬連世界首富地位，讓他時常成為外界揶揄或公憤的對象，但是他在一次非洲旅遊中，見到當地人民的貧困，對他造成極大的震撼，促使

他後來成立慈善基金會，這幾年他因為投身慈善事業，形象也開始改變，甚至因此為人所稱許。有人對於比爾蓋茲成立慈善基金會的動機感到質疑，認為是在挽回自己的形象，但就算這是事實，他還是對社會有所貢獻，而他的形象也的確得到扭轉。

一位成功的領袖，絕對是得到愛戴的，不愛自己、不愛別人的人，是沒有辦法贏得大眾的心的！

慈悲力是可以學習的，當你專注的能力越穩固時，快樂心法很容易就上手了。當你慈悲力越來越深時，你將無所恐懼，對每一個生命，乃至一花一草，都具足最大的尊重，而這個世界也會如此對待你！

智慧力 | 專注讓你洞燭機先，了了分明 |

▶ 光束的觀想

我們現在想像有一道非常亮、非常細，能量非常集中的光束，由太陽照射到我們的身上。將光束想得越清楚越好，這一道光束從我們頭頂將身體切成兩半，或者想像成從頭頂開始由身體正中間照射下來。

SC 小撇步

剛開始我們做這個練習的時候，這道光束可能會歪掉、很散亂、不夠集中，或是沒有辦法從頭的正中間照下來。慢慢的，當我們的超專注力越來越好時，這道光束會越來越集中，逐漸可以由正中間投射下來，但是可能切得不準，中途很可能會歪掉。在經過一段時間練習以後，可以切得越來越精準，從身體正中間照下來，而且不會偏移、很直的切下來時，我們的超專注力又更加提升，這時我們把光束再濃縮一點、再細一點，如果能做到

並很精準的從身體正中間照下來，表示我們的心越來越
細膩了。

如果你能觀想得非常清楚，光束可以從頭頂正中間照
下來，進到身體裡面將身體切一半，表示你的心夠細膩，
你對人對物夠體貼，你對事物的觀察細緻、敏銳，你對事
情的發生能夠清楚了知緣起，你是智慧具足的。如果你沒
辦法觀想得很清楚，那是因為你的超專注力訓練還不夠，
心的安定力不夠，所以沒有辦法將光束想清楚，或是光束
會比較寬（隨著超專注力增加，這道光束可以想得越來越
細）。若是這光束只能照在身上，沒辦法照進身體裡面，
也沒辦法切一半，這表示我們對我們身體的執著非常強。

所以該如何加強我們的智慧力？除了持續做這個練習
之外，還可以藉由Part2靜坐心法及調身心法的練習，提升
你的超專注力，幫助你對自身的執著變淡，之後你會發現
對事物的感覺更親切，你和他們的關係會更親近，你的慈
悲心會更增加，你的心是開的，你具足更完整的智慧。

**有智慧的人不會只看到表象，會從根本解決，因為他
的心是清楚的。**

不丹國王旺楚克（Druk gyalpo Jigme Singye Wangchuck）

陛下就是一位很有智慧的國王，他在全世界都以「國民生產總值（GDP）」為衡量一個國家發展指標，在現實社會中都在擁抱物質需求時，提出「國家幸福力（GNH）」，導入追求幸福終究是地球上每個角落、每個人的渴望。他指出為什麼經濟成長的典範會出現嚴重的缺陷和錯覺，是因為我們所有的努力都是為了使生活更幸福，但現代人卻迷失在物質文明中，讓我們的身心更緊張、更焦慮。

有智慧的領導者能隨時隨地觀察到各種因緣條件的變化，掌握最有效的資訊，而不會迷惑在資訊中，正如同不丹國王帶領不丹成為全世界最幸福的國度之一。成功的領導者在為他自己及團隊擘劃出美麗願景之後，更需要有智慧的領導，善觀緣起，才能有效的執行，達成願景。

六祖慧能到廣州法性寺，印宗法師在該寺內講經之時，一陣風吹來，將高掛的幡旗飄舞起來，此時有僧徒說是風在動，有說是旗在動。六祖聽到說：「不是風在動，也不是幡在動，是二位的心在動。」一個心志清明的人，他的心是安定的，隨時具有觀照力的，他的心是不會隨風起舞的，因此他能在變動中看到機會。

什麼是智慧？聰明不等同智慧，曾經有一位老和尚說：「有智慧就沒有煩惱，有煩惱就沒有智慧。」這句話說得多親切呀！讓我們大家一起來練習增長我們的智慧，消除我們的煩惱，讓我們的生命邁向幸福成功！

學習力 |專注讓你五感齊用，技藝超群|

▶ 落葉的觀想

秋天的時候，在國外常常可以看到落葉紛紛飄落的景象，非常非常的美。下次當你有機會看到落葉的時候——

試試看你能不能看到每一片葉子從樹上到飄落地面的完整過程。

當你能清楚看到每一片葉子由樹上飄落到地面的完整過程時，再試試看能否看到十片、二十片葉子同時飄落到地面的過程。

當你能清楚看到十片、二十片葉子同時飄落到地面的過程時，再來試試看能否同時看到你眼前所有葉子飄落的過程。

如果你能同時看到眼前所有葉子飄落的過程，表示你的學習力是很強的，學習力強的人，智慧自然多一些，離成功也近一些。如果你沒辦法看到葉子飄落的過程，那是

因為你的超專注力訓練還不夠,可以藉由練習Part2的靜坐心法、坐姿心法及走路心法,增加你專注的能力、五感運用能力,進而提升學習力。

愛迪生(Edison)雖然從沒受過學校教育,但在看到一本外觀破舊、由法拉第所寫的《電學研究集》時,他如獲至寶,買回去後把書上所有實驗都重新做過。他為了要知道火為什麼會燃燒,在倉庫做實驗,不慎引發火災;為了要知道橋為什麼可以支撐過橋者的體重,在小河上架了一座小橋,結果橋斷了,整個人掉進水中。還有一次大家以為他失蹤了,他卻在雞窩裡抱著雞蛋,連飯都沒吃,只因為他想知道人是否也可以成功孵出小雞。雖然愛迪生從小就是一個過動兒,沒有上過學,但是他的學習力使他一輩子的發明超過兩千項。

一個能力再強的人,如果沒有學習力,終將面臨被淘汰的命運;而一個學習力強的人,又遠比學習力弱的人要增加許多機會!

許多專注力的遊戲會刻意刺激不同的感官,是因為使用到的感官越多,腦部越活躍,吸收的訊息越能持久。我們在學任何事物時,如果所有感官都能一起使用,你的學習效果會是加倍的,甚至加乘的。

上述實驗是以「五感」的「眼」來測試大家是否能全方位的看東西，如果你能同時看到眼前所有葉子飄落的過程，表示你的感官使用是全方位的。

　　我們一般人盯著東西看，反而看不清楚，這就是為什麼大部分的人很難看到落葉的完整飄落過程。當你的眼睛抓到落葉的景象時，它已經落了下來，而且當你看著這片落葉時，就看不到那片落葉，總是無法做到全面的觀看。

　　我（洪）年輕時，有一天坐在池塘邊看魚躍出水面的動作，覺得那個畫面好美，可是卻無法看到魚躍出水面的完整動作，總是只見到魚尾巴在跟我說bye-bye，因此才發現原來我們都錯用我們的感官了。當我們知道如何將眼根放下，不去抓取，不盯著東西看時，不只看到一條魚由水中躍出到回到水裡的完整過程，更可以看到池中每條魚同時躍出的完整景象。

如何運用五感學習？

　　我們以學英文來舉例，一般人要記住一個英文字，都是看著單字去記憶，或是一遍又一遍的抄寫單字，這效果遠遠比不上你讓更多感官啟動的效果來得好。

　　也就是說，除了看著單字去記之外，配合眼睛看到圖、耳朵聽到發音，或是聽到和你要記的這個字相關的聲音，再加上用手觸摸實際的東西，這樣的學習效果是完全

不一樣的。例如我要學「豬」這個字的英文，如果你只是看著「pig」來記，遠比不上看著一張豬的圖，聽著豬叫的聲音，再觸摸豬的玩偶要來得大，越多感官一起運用，學習效果越好，記得越久。

　　我（洪）在二〇〇四年到美國講學時，一句英文也不會講，後來為了能親自以英文錄製放鬆禪法的CD，決心重新開始學英文。那段時間我被要求讀《哈利波特》原文小說，一邊讀一邊配合聽故事CD，剛開始完全聽不懂，也跟不上CD速度，但是第一集讀完時，不僅能跟上速度，也聽得懂故事內容。整個學英文的過程，都是配合影集、DVD，甚至連睡覺都在聽CD，所以不只是透過五感學習，甚至連全身細胞都在學習！也因此，在開始學習英文一年後，我就到美國哈佛大學及麻省理工學院以英文演講。

　　「活到老，學到老」，學習力代表一個人或者組織的適應力、生存力、競爭力，許多國際知名企業成功的奧秘均在於能以最快速度、最短時間學到新知識，獲得新訊息，以及員工能不斷提高學習能力，並將所學運用與創新。讓我們大家一起來練習，讓我們五感齊用，創造高效率的學習，更開創我們成功的機會！

創造力 | 專注讓你活化大腦，突破框架 |

▶ 太陽的觀想

　　想像在你的大腦裡面放一個太陽，把太陽的樣子想清楚，這個太陽像千百億個太陽一樣的光明，像水晶一樣透明，像彩虹一樣沒有實體。這個太陽就放在你腦的正中間，你可以想像正中午的太陽光，它是如此的透明，如此的明亮，而且是千百億個太陽的光明集中在一起。

　　現在這個太陽的光越來越亮，很透，很澈，由內而外照出來，你的大腦也亮了起來，你的左腦、右腦都像千百億個太陽一樣光明，像水晶一樣的透明，像彩虹一樣的沒有實體。整個光明是沒有陰影的，就這樣穿透你的整個腦部，現在你整個腦消失了，只剩下這無量無邊的光明。

　　這不只是一個檢測的方法，這個方法可以幫助你活化大腦！如果你是學生，當你讀的書再也塞不進腦子時，用

這個方法，你會覺得大腦好像多了很多記憶體，學習效能超高；如果你是上班族，當你發現腸枯思竭，提不出企劃案時，使用這個方法，你會發現一切規劃、一切創意都變容易了；如果你是領導者，對於你的現況想要突破，苦無對策時，運用這個方法，你會發現生命立即轉彎。

　　如果你對上面的觀想可以想得很清楚，表示你很能發揮創意。有創意的領導人能引導部屬精益求精，有創意的企業能帶動社會進步，有創意的人能改變現狀、創造機會！如果你發現很難想得清楚，那是因為你的超專注力訓練還不夠，除了持續做這個練習，還可以藉由練習Part2的靜坐心法、放鬆心法及睡覺心法，讓你的心沒有限制，讓你對自身、對環境的執著減少，突破框架的思維，開創不一樣的人生。

　　星巴克（Starbucks）前董事長及執行長霍華・蕭茲（Howard Schultz）在紐約布魯克林貧民區長大，他在自傳裡說道：「出身越寒微的人，越會以想像力和創造力來力爭上游。」

　　當蕭茲剛到星巴克任職時，他們還只是出售高品質的咖啡豆，沒有提供飲料服務。之後蕭茲提出賣煮好咖啡的想法，卻無法得到星巴克三位元老的共識，於是他在一九八七年出資買下星巴克的股權後，開始以義大利咖啡

吧為經營重心，而這股風潮迅速席捲美國，更蔓延到了全世界。二〇一七年星巴克在全球創下近224億美元的營收，而且仍以驚人的速度持續成長中。

雅虎的創辦人楊致遠說：「我喜歡現在的工作，最令我激動的是能將傳統世界融入新時代。」當網路瀏覽器問世時，他設計了自己的網址，並且將任何好玩的網址蒐集起來。在當時，各個網站就像散落各地的電話號碼，而楊致遠所做的，就是把它們蒐集起來再整理，做成像電話簿一樣的索引，也就是目前我們說的「搜尋引擎」。

隨著網路使用人口激增、網站數量更是快速增加，想查詢某一類型網站必須透過搜尋引擎，否則就像大海撈針，而只要連上雅虎，就如同打查號台查詢一樣，會主動找出你想要進入的網站。由一九九三年開始有構想到一九九五年，才經過短短兩、三年，雅虎的名氣已經相當大，當時每月就有幾十萬人利用雅虎查詢網站。

因為創意，他們幫自己賺進大量財富，也改變了大家的生活。個人及企業的發展會依創造力的強大而強大，所以想改命造運的人，讓我們一起來練習開發我們的創意，創造我們高品質的生活！

專注力 | 專注讓你心無旁騖，提升效率 |

▶ 心之眼的觀想

　　身體很輕鬆的坐正，將兩手放在腿上，兩隻手交疊，掌心朝上，再拿一支筆在手掌心點一下，把你的心念放在手心上的那一點，我們不需用眼睛去看它，只是將你的心放在這上面，看看你能不能很清楚的看到這個點？你的心是否會去想別的事情？看看你的心能放在這上面多久？一分鐘過去了，兩分鐘過去了，三分鐘過去了，你的心念是不是一樣很清楚的在這個點上面？這中間你有沒有忘了把心放在這上面？有沒有開始想別的事情？

　　如果你對這個觀想可以想得很清楚，表示你能堅定你想做的事情，專注你想專注的事情。如果你發現很難想得清楚，那是因為你的超專注力訓練還不夠，除了持續做這個練習，還可以藉由練習Part2的靜坐心法、坐姿心法和走路心法，讓你的專注無所不在。

當你做這樣的練習時，也許才剛做沒多久，就忘記要將心念放在手掌心的點上，我們可以由一分鐘開始練習，練到心念能夠專注在手掌心上的點，且持續一分鐘不會恍神時，再逐漸加長至三分鐘、五分鐘、十分鐘。專注是可以練習的，漸漸的你可以很清楚看到這個點，而且心念定在這個點上面時，你的超專注力已經越來越強，你會發現讀書或工作的時候，效率增加了，學習也變輕鬆了！

　　如果你是學生，是否很羨慕那些又會玩、功課又很好的同學？他們該讀書的時候就讀書，該專心聽課的時候就專心聽課，該認真寫作業的時候就認真寫作業，該好好休息睡覺的時候就好好休息睡覺，他們在做每一件事情的時候，都能專心做好這一件事情，是因為大腦能夠做到完全的放鬆與專注，使他們能像海綿一樣吸收新知，能做到高效率的學習。

　　我們不論讀書或工作，只要能夠集中注意力，完全投入，將「我」完全放下，眼中看的、腦中想的、手上做的只有這件事時，成功是必然的。很多運動選手在比賽中因為全神貫注，在運動場上表現如有神助，也曾有棒球選手說「看見球停在空中」，還有足球選手表示「明顯看到一

條線指出傳球方向」。

　　除了運動場上，料理台上也有神蹟。「當我專注在一件事情時，一切都變成像『慢動作』一樣，所有細節都無比深刻而清晰。」從十三歲就在各大飯店打工，二十歲成為五星級法國餐廳的主廚，料理兩度被《時代》雜誌報導為「印度洋最偉大的料理」的江振誠說。

　　「我常看到年輕朋友太容易被太多東西分心了，還沒做一件事，就想到別人會不會喜歡？會不會流行？價位會不會太高？有沒有辦法量產？有沒有未來性？我從來沒有考慮這麼多東西，我沒有比別人聰明、有天分，我只是很努力把事情做好。」

　　是呀！專注及活在當下的心，是我們能將工作做好及完成的一個重要元素。也難怪江振誠不過才三十四歲，就在「二〇一〇年聖貝勒格利諾（S. Pellegrino）全球最佳五十大餐廳」頒獎典禮上成為最年輕的獲獎人之一，而由他所主掌的新加坡法式餐廳JAAN par André名列全球最佳餐廳第三十九名。

　　每一位有成就的人，不論他是運動員、音樂家、企業家、科學家，沒有不需要專注力的，他們將自己完全融入他們要做的事，事半功倍，成就非凡。讓我們一起向他們學習，讓專注幫助我們心無旁騖，提升效率！

健康力 | 專注讓你呼吸綿密，身心健康 |

▶ 觀照我們的呼吸

　　很輕鬆的坐著，觀照我們的呼吸，很仔細地看著氣息進出，看看你的呼吸是下列四種情況的哪一種：

　　第一、呼吸很大聲，在一呼一吸當中，你都可以聽到自己呼吸很粗重的聲音。

　　第二、雖然沒有聲音，但你的呼吸結滯不順暢。

　　第三、呼吸沒有聲音，也不會結滯不順暢，但你的氣息還是粗糙的，不夠細，不夠長。

　　第四、呼吸非常柔順，綿綿細長，若有若無。

　　如果你的呼吸是第四種狀況，表示你的呼吸是調和的，是在最好的狀況裡面，而你的心情是很愉悅的，你的心是很安定的。如果你是第一種狀況，表示你的身體健康狀況比較不好，或是你的心是比較容易受影響的。如果是第二種，表示你的身體處在比較疲累的狀況，可能使用過

多，需要更多的休養及調整。如果是第三種，表示只要經過一段時間的調練，你的身心狀況、專注能力會很快達到很好的狀況。

用這個方法檢測我們的呼吸時，如果你是前三種狀況之一，透過練習Part2的靜坐心法，可以讓你的呼吸穩定，再配合調身心法、運動心法、按摩心法及清新心法，則會讓我們的呼吸更放鬆。

我們隨時可以用這個方法來檢測呼吸。呼吸是生命力的徵象，現代的精神病理學家威爾漢·瑞奇（Wilhelm Reich）曾提到：「沒有一位精神病人可以深長而均勻的呼吸。」精神科醫師及生物能量療法的創始人亞歷山大·魯文（Alexander Lowen），在經過長期觀察後也說：「每一種情緒的問題都會反映在雜亂的呼吸上面。」可見呼吸和心念、情緒上的連結非常深。

有些精神疾病醫生也發現疾病痊癒的徵兆之一，就是規律的呼吸。沒有健康的身體，就很難有一個彩色亮麗成功的人生，為了使我們的身體獲得長遠而真實的健康，我們要從觀照呼吸開始做起。很多人以為專注就會伴隨緊張，殊不知透過最深層的放鬆，才能得到最大的專注，而最深的放鬆才能創造最健康的身體。

健康是人生最大的財富。永遠的孫越叔叔代言許多公

益活動，尤其是董氏基金會的菸害防制活動，但他年輕的時候是個老菸槍，甚至天天發毒誓要戒菸都沒有用，過了二十年痛苦的戒菸生活，最後卻在一念之間戒菸成功。

他說，過去菸癮大，健康情況很不好，每一天都想戒菸，可是總克制不了想抽菸的念頭。有一次他到南部拍片，在完成一個高難度鏡頭之後，開心得把菸放到嘴裡，但就在準備點菸時，突然閃過一個念頭，意識到吸菸不只是危害到自己的健康，更會使身旁的人受害，當下便毅然決然把嘴裡的菸丟掉，就這樣沒有痛苦的把菸戒了！他認為：「只有不被菸綑綁住的自由，才是真正的自由！」

健康的身體可以讓我們多做許多我們想做的事，而身和心的調和可以讓我們的身心達到更好的狀態。

舞蹈老師郭惠良在民國八十二年獲頒「國家薪傳獎」殊榮，但也在同年發現自己罹患末期子宮頸癌，醫生宣布她只剩下三到六個月的壽命，可是她並沒有放棄，除了就醫之外，還自己找書籍研究，採取回歸自然的方式，生活作息正常、多運動、保持心情愉快，八個月後檢查身體狀況不錯，就按照原定計畫前往大陸西南，花十五年時間完成十八個少數民族的舞蹈文化紀錄。

黛兒・福格區博士（Dale Figtree, Ph.D.）是藝術家，也是營養專家，曾被美國聖塔巴巴拉地區媒體選為最受歡迎

的營養師。她曾經罹患淋巴癌，後來透過身和心的調養，在生理方面注重營養、運動和休息，在心理方面藉由解除心理壓力、改變想法，以及觀想、靜坐的方式，她的身體居然很神奇的康復了。

我們的身體、呼吸和心的關係非常密切，身體好，呼吸就會順暢、綿密，心情也會好。同樣的，當你的心情很平穩時，你的呼吸也會比較穩定、比較細、比較長，身體也會比較好。良好的呼吸方法會使人身體健康，壽命延長，如果呼吸淺而微弱，氧氣容易不足，較難將二氧化碳完全排出體外，造成氣血不順暢，影響身體細胞的功能和生命力，所以我們要常常讓我們的身心放輕鬆，讓我們的呼吸自然變柔順。

要成功、要做大事，是需要體力的，除了本身要有能力，更要擁有健康的身體，才能幫我們走更遠、更多的路，做更大的事業！

完成力 |專注讓你心智穩定，完成理想|

▶ 想像在空中畫一條線

　　舉起你的手指想像在空中畫一條線。

　　很清楚的看著你的手舉起來，點上去，拉開，畫一條線。畫完之後，你的眼睛就看著這條保持在空中的線，不管這條線是橫的、直的、斜的，看清楚這條線拉出來的整個過程。

　　現在這條線就停在空中。這條線是什麼顏色的？有多深？有多細？是不是能夠看得很清楚呢？此外，這條線夠直嗎？你是否能穩穩的從頭畫到尾呢？你是否會因為畫不直而不耐煩呢？

　　如果你能清楚的做到，表示你心的穩定度是夠的，穩定才能完成。許多人擘劃了願景，也很專注的執行，但是心的力量不夠，遇到挫折沒有辦法堅持，功虧一簣。如果這個練習你沒辦法做到，表示你的超專注力訓練還不夠，除了持續做這個練習之外，還可以藉由練習Part2的靜坐心

法及放鬆心法，增加你心的強度，讓你遇到任何障礙時，都能輕鬆面對！

舉世聞名的大導演李安過去也曾經潦倒。他曾感嘆地說：「我的命盤顯示我只是居家男人的格局，我從來不曾想過會有這樣的生活……」又說：「先相信自己，才有機會讓別人相信你。」他同樣有著不放棄的生命態度。

保育學者珍‧古德對黑猩猩的研究，不僅大大改變我們對黑猩猩的了解，而且更幫助我們了解人類本身的行為。在她十或十一歲時，夢想去非洲跟動物們住在一起，在那個時代，對一個小女孩而言，這不是一個很恰當的夢想，但是她的母親告訴她：「珍，如果真的想要一些東西，妳只要努力工作，把握機會的優勢，並且絕不放棄，妳將會經由某種未知的原因找到道路。」於是，她在二十三歲時前往非洲，三年後展開長達四十年的黑猩猩研究，完成兒時的夢想。在艱鉅的環境中，她從不放棄，一生獲獎無數，深受科學界及各地團體的敬重。

累積實力等待機會，無論你在哪一行，能不畏挫折、持續向前的人，一定可以完成目標，實現夢想。

歷史上有名的玄奘大師也是始終如一，再多的富貴，再困苦的環境，都沒有打消他發願西行天竺，求法取經，

將原典精確譯出的心願。這一路上狀況連連、危機四伏，他除了一出關就遭遇困難，更必須越過險惡多變的大漠、流沙和冰封雪埋的蔥嶺，好不容易才終於抵達天竺。由於玄奘大師入理精闢，得到天竺各國國王及佛教界的敬重，有十八個國王皈依於玄奘大師座下。唐朝貞觀十七年，玄奘大師辭別各國國王的懇切挽留，以及大眾追隨相送的不捨，東行返國，行囊裡滿載著珍貴的法寶、六百五十七部梵文聖典。

要成功，除了需要努力之外，還需要很多的助緣，但最主要仍要有一顆鍥而不捨、精進有力的心。然而，我們大部分的人常是心有餘而力不足，所以就讓我們大家一起來透過超專注力，達成練心，完成理想！

Part
2

提升專注力，
掌握幸福力

在Part2我們分成兩部分：A、核心理論；B、操作方法。這是一本全方面、全時辰，二十四小時提升專注力的書，以十種心法、十種不同面向，讓大家行住坐臥中具足超專注力！

核心理論 身心之連結

　　在一次親子專注力的課程中，有一位媽媽問：「為什麼做完妙定禪手會變長？」

　　我們先來做個遊戲：將你的兩隻手伸出來，比一下，是不是一樣長？收回一隻手，想像你伸出的這隻手變長了，你的手可以摸到前面的牆壁。

　　想像你的手像繩子一般，好鬆、好軟、好有彈性，感覺到你的手真的碰到你想碰的位置，不管你的目標物是一公尺、兩公尺或更遠的距離。

　　盡量去想清楚你的手真的變成了一條繩索，想清楚繩子的特性，你的手就和這又鬆又軟又有彈性的繩子沒有差別。

　　想清楚後，再伸出另一隻手來，兩手比一下，這一隻變成繩索的手是否長很多？

　　這個活動重點不在於手是否變長，而是剛才變長的這隻手，肩膀是否比較放鬆？現在動一動兩邊肩膀，因為放鬆了，我們骨骼之間、肌肉之間不再緊縮在一起，所以你的手會變長，血液循環也變得比較好。我們可以比較一下

兩隻手的膚色、光澤，是不是變長的這隻手比較好呢？

我們再來試試看手指頭。

現在想像手指延伸，變得很長，每根手指都往前延伸增加十公分、二十公分。再比一下兩個手掌大小，兩手拇指比一下大小，應該有變長。

我有很多學生都覺得這好酷啊！可以去學校變魔術，去秀給同學看！同樣地，手指變長不是重點，重點是這隻手更放鬆了。我們將兩隻手的指頭互敲，是不是變長那隻手敲起來比較痛？比較有力？這表示你在放鬆之後更有力氣。很多人覺得放鬆就軟趴趴的，其實放鬆會更有力氣。

這麼簡單的動作就使我們的手變長、肩膀放鬆、手指變有力，可見我們身和心之間的連結有多麼的緊密，我們只是想著手變長就變長了，一般大眾沒有想到我們居然可以想一想就做到了！其實這是每個人都具足的能力。

▶ 專注、放鬆與大腦運作

什麼是專注？最大的專注是建立在最深的放鬆上，而放鬆禪法的基礎是建立在「地水火風空」及「心氣脈身境」這兩大系統上。

什麼是放鬆？我們以海綿舉例，當我們身心受到很

大的壓力時，就好像海綿受到擠壓，如何將這受到擠壓的海綿放鬆？將手放開，將壓力放掉，讓海綿回復它原來的形狀就好了。而大家常說要放鬆，卻往往越想放鬆，越鬆不下來，就像對著受到擠壓的海綿拉扯，有沒有用？有些地方真的被我們拉開來了，但是有些部位可能反而越拉越緊。所以當我們有壓力時，要學習海綿，將壓力放開，學習將這抓緊的身和心放下來。

　　我（龔）於二○○九年十一月在哈佛醫學院麻州總醫院（MGH）參與一項由核磁共振（MRI）發明人之一的昆恩博士親自主持的「禪定與放鬆狀態下腦成像」研究實驗，在過程中我主動要求增加實驗項目，掃描放鬆的腦的特定部位。這個提議，使得實驗團隊的科學家們無比振奮，居然有人膽敢說她可以放鬆腦中特定部位！其實只要經過練習，這是每個人都可以做到的。

　　在前面的遊戲中，我們輕易的就放鬆了我們的手，使我們的手變長，再來我們可以練習骨骼放鬆、肌肉放鬆、臟腑放鬆，當這些都可以做到時，要放鬆我們的腦，當然沒有問題！

　　我們的身調了，息就調，息調了，心就調，這三者之間關係是密不可分的。當我們的心不夠自在時，可以由我們的身開始調，慢慢我們的心就能得到自在。同樣地，心

調了，息就調，息調了，身就調，當我們的身體很緊繃，鬆不下來時，將你的心放鬆，你的身體就能得到紓解。

在Part2 的前面部分，我們將放鬆的核心理論告訴大家，之後就進入操作方法的介紹，整理規劃出十種心法提供大家練習，讓人人都可以做到「能放鬆腦的特定部位」，而不只是少數人的專利。

讓我們的身體放鬆，會使我們身體更健康，工作更有效率，生活更有品質；而讓我們的腦放鬆，能讓我們身心更健康。國際知名的腦部造影權威丹尼爾·亞曼（Daniel G. Amen, M.D.）醫師指出：「大腦是身體的指揮和控制中心，想要有好的身體，就先要有好的大腦。」他更強調：「你的一切行為都和大腦有關。」

近幾十年來，許多科學家和醫學界人士研究與探索「身心的連結」，而越來越多的研究都證實心智和大腦是相互依存的。洪蘭女士也提到：「關於左右手的使用、自閉症、過動兒、妥瑞氏症等都與大腦有關。」

我們的行為和特定的腦部區域有關。我們今天會成為一位頂尖人才，或是鬱鬱不得志，都和腦的運作有關。兩度獲得醫學記者協會頒發傑出獎的瑞塔·卡特（Rita Carter）在他《大腦的秘密檔案》一書中也提到：「無論感覺或行動都是一樣的——籠罩著我們心田的陽光和陰影，都是大腦內部生化物質操控的結果。」而佩特拉·索爾布

里茲（Petra Thorbrietz）也在《專注力》一書中提到：「為了了解專注，我們必須進一步去認識大腦是如何運作的。」

「你可以改變自己的大腦與身體！這是醫學界最令人興奮的突破之一。藉由改變生活模式，以及採取特定的介入措施，你就能改善自己的大腦和身體。」丹尼爾·亞曼醫師提出上述說法，並指出「增強腦力」的因素包括：放鬆練習、運動、靜坐、深呼吸、充足睡眠、注重心理健康、感恩的心、正面思考、保護大腦、學習新事物、綜合維他命、魚油、均衡飲食、多喝水、保持荷爾蒙平衡。

在後面操作部分我們所要學習的方法，幾乎涵蓋所有他提出增強腦力的因素。現在就讓我們先了解核心理論，再運用後段的十大心法去落實在日常生活的行住坐臥，增強我們的大腦，強健我們的身體，提升我們的專注力，掌握我們的幸福力！

▶ 地水火風空

前面提到專注是建立在放鬆上，而放鬆禪法的基礎建立在「地水火風空」及「心氣脈身境」兩大系統。什麼是地水火風空？宇宙的物質現象，以及我們身體的構成，是由「地水火風」四大或「地水火風空」五大所組合而成。

骨骼、肌肉是「地大」，血液、內分泌是「水大」，

溫度、能量是「火大」，呼吸、氣息是「風大」。我們身體四大不調就容易生病，四大調和的時候，身體就會健康。在此我們再加入「空大」，空是空間，如我們身體中的空間、空隙。

四大或五大並非單獨存在，是交互融入，水中有火，地中有水，彼此之間都是互相含容。如何含容？例如骨骼肌肉是地大，但是我們骨骼肌肉中同樣有水、有溫度、有氣息、有空隙存在，因此，地中有水、有火、有風。同樣地，我們血液中有水、有溫度、有空氣、有實質的存在，也有空隙存在，所以水中有火、有風、有地、有空。五大雖然互相交融，但是有一定的平衡及顯現的次第。

透過放鬆對五大的調練，能使我們對自己身心產生自在轉換的強大能力，保持身心的健康，需要時可以對治五大產生之疾病。當我們的身體是緊的，五大之間的平衡、次第受到影響時，身體會因此不調而生病。

五大的存在來自於我們意識的分別。如果你的身心隨時安住在清楚了知這一切都是隨時在變化的，沒有長久不變的，知道五大是如幻的，似乎如此真實存在，同時又是如此不真；清楚五大是意識的幻影，是相對性的實存幻影，我們就能自由的轉換五大，使身體在如幻當中，化成地、水、火、風、空等，達到身心進化的目的。

我們對五大的調練，除了透過放鬆，以及安住在實相

地水火風空的導引

　　我們生病因為四大不調，四大不調是因為它們不安定、不安穩，所以讓我們幫助它們安定下來。

　　對自身具足最深的慈悲，對這一切如幻是如此的清楚，以如此的心，將你身上的地、水、火、風、空安撫下來。當我們生病時，那個部位的細胞是不安的、恐懼的、甚至是憤怒的，我們如果讓那個部位的細胞安定下來，我們會好得很快。但是一般人在生病時，反而加重那部分細胞的不安定感，例如我們胃痛時，一般人的反應是，胃好討厭哦，痛死了，或是我已經忙死了，你還來增加我的麻煩。我們從沒有對胃說，很抱歉，你為我做了這麼多的事情，我沒有好好照顧你，亂吃東西，或沒有定時吃東西，將你弄壞了，我現在要好好疼惜你。對自身、對外境具足最深的慈悲，這樣子，將我們胃的地、水、火、風、空、識放下來，你的胃立即不一樣！

　　讓你身心完全的放鬆、放下、放空，讓你全身的骨骼肌肉安心，將它們放下來。你身上的血液，身上水的成分，將它放下來；身上的溫度、能量放下來，放下來才更有能量，當你將能量放下來時，你身上充滿著能量；將你身上的氣息、呼吸，整個放下來；身上所有的空間，全部都放了下來。現在你的五大逐漸調和，你的身體也越來越好。

中以外，對自身、對外境要具足最深的慈悲，以如此的身心，由境中將五大放鬆、放下來，將山河大地的地放下來，水放下來，火放下來，風放下來，空放下來，識放下來。整個放鬆、放下之後，我們的心脈、中脈更容易顯現，而這由內而外的次第也更加清楚。

五大放下後，身體立刻產生變化，五大的脈連結到宇宙，當我們練習走路時，地大完全放下來，水大、火大、風大、空大，隨時隨地就這樣放下來……

▶ 心氣脈身境

什麼是心氣脈身境？心氣脈身境是我們統攝掌握自我身心和外在世間的完整次第。當我們能夠掌握心氣脈身境之後，很容易就能夠安住在空性裡，安住在實相裡面。

什麼是心？心是心意識。

什麼是氣？氣是心意識的相續執著運作而生之運動的力量。

什麼是脈？脈是氣不斷運作產生的軌跡，所以脈是氣的通道。

什麼是身？脈和氣相續造作，將之實體化，形成明點、器官與身體。

什麼是境？是心氣脈身投射於外界整個時空的情境，和其他生命心意識交互映成。

什麼是「心如」？

　　就是心沒有執著，在無所住之下，能照見萬物。

　　若以鏡子來作譬喻：我們的心就像一面鏡子，當鏡子上面有灰塵，或是有布蓋著時，我們看不清楚，或是看不到，此時就像我們將很多虛妄的事物誤以為是真實的。我們想將鏡子擦乾淨，或是把遮蓋的布拿掉，但是往往我們花了很多力氣，卻不知如何將鏡子擦乾淨，或如何將布拿掉。其實我們想得太複雜，只要將那鏡子翻轉過來，那塊布就掉下來了，這樣不就好了嗎？

　　我們平時心不穩定，就好比鏡子在晃動，所以照不清楚，看事情看不清楚；當大家身心穩定之後，就好比鏡子不再晃動，所有景象就可以照得清楚。我們的心要如，就如同鏡子照見萬事萬物的時候，鏡中的每棵樹、每個景象都很清楚，但是鏡子不會因為鏡中有什麼而受影響。

　　例如天氣變冷了，我們就加一件衣服，感覺熱了脫掉衣服，就這麼簡單。但是有些人很熱也不知道熱，很冷不知道冷，只知道不舒服，卻不會加一件衣服，或脫掉一件衣服。

　　當我們心安定時，鏡子可以清楚的照到每一樣東西，

而這有什麼好處？這可以幫助我們做事情、下判斷時更清楚，但最重要的是，我們的心不會隨著看清楚而高興或不高興。

有人可能覺得高興有什麼不好？高興或不高興都好，重點是不動你的心。可以高興，可以不高興，你的心是自在的，才是比較重要的。當你的心無所執著，可以應無所住而照見萬物時，所有事物進到你的心裡就不會被扭曲。

什麼是「氣鬆」？

當我們對待空氣沒有分別的時候，這個氣才能產生最大的能量，這個氣自然就是鬆的，鬆的氣進到我們的身體時，我們的身體自然會調和，自然會變好，呼吸自然變得更加順暢。

我們平時分別心太多，分別身體裡面的氣息和外面的空氣不一樣；同時，我們在呼吸的時候，也沒有好好對待外面要被吸進來的空氣，以及你身體內的空氣。

現在我們將周遭的空氣想像成光明的，整個空氣亮了起來，我們吸進如此溫暖光明的空氣，並且歡迎如此清淨光明的空氣進到我們身體內，遍布全身，進到五臟六腑，進到每一個細胞，讓我們的能量交換更大，幫助我們身體的代謝更好，而我們對這一切完全沒有分別，因為我們知道這一切都是虛幻的。此時氣能鬆，身心能無病。

什麼是「脈柔」？

怎麼樣的脈是柔的？空性的脈是至柔的！一般人的中脈是乾的、硬的、脆的、僵直的，當你的脈是空的時，你的脈就是柔的。脈之所以能柔，是因為我們對它不執著，很清楚知道它是空的。

當氣是鬆的時，氣的通道就會順暢；當氣是緊的時，氣的進出就不順暢，而氣的進出不順暢，脈自然就不順、就會堵塞，身體就容易生病，脈就會變硬變脆，此時氣息也就不暢。

什麼是「身空」？

昨天的我跟今天的我是不一樣的，十年前的我、十年後的我，和現在的我絕對也是不一樣的，不管是健康上、容貌上、體型上和心態上，全都不一樣，所以身是空的。

當我們很清楚身是空的，我們的身體就更能放鬆，如此一來，我們的氣息更順暢、血脈更暢通、氣機更旺盛，一切疾病就容易止息，身心更能進化。

什麼是「境幻（境圓）」？

這個世界是我們心的幻影投射出來的，是隨著我們的心在變的，所以它是如幻的，而我們這個心也是如幻的。

當我們到如詩如畫的風景區拍照時，往往發現鏡頭

裡或照片中的景象比實際風景還要真實，或是山水倒影比實際的山水還要清楚。這個山河大地是我們的心造就出來的，所以是如幻的，是心氣脈身投射到外界的時空情境，和我們的心互相映照而形成相對性的客觀世間，其實它並沒有這麼真實。因此，當我們清楚知道境是如幻的，我們就不再心隨境轉，而能境隨心轉。

當我們清楚心空，心自然如；

當我們清楚氣空，氣自然鬆；

當我們清楚脈空，脈自然柔；

當我們清楚身空，身自然空；

當我們清楚心氣脈身境是空的，此時境自然圓。

心氣脈身境的導引

　　你的心好像一面鏡子，這個鏡子現在照見整個萬事萬物，照見整個山河大地，你看得清清楚楚，每一個念頭出現你都清清楚楚，不需眼睛去看。你的手、你的腳在哪裡都清清楚楚，旁邊的任何一點聲音光線你都清清楚楚，但都不影響你的心，就只是很自在的照見。你的心很清楚這些都是如幻的，隨時在變化的，都是不真實的，沒有恆常不變的，所以你的心對這樣的狀態清清楚楚，你的心也不會受這些現象影響。

　　現在看著我們的呼吸，我們周遭的空氣，是很光明的。現在吸進這光明的空氣，你對於身體裡的空氣、外面的空氣、吸進來的空氣，都沒有分別。這光明的空氣進到你的身體裡面，進到你的器官裡面，進到你的細胞裡面，和你的細胞做最完整的能量交換。這空氣由我們的皮膚、肌肉，很自在的進出，你知道你的氣息是空的，是沒有自性的，所以你身體的脈就自然暢通了，身體的脈就自然空了，我們的身體亮了起來。

　　我們很清楚知道念頭和心念的變化都是不真實的，這時候你的心就如了，這時候你的心自然就能安定下來，漸漸地，更清楚時，就能安住在空性中。當你能這樣安住下來時，你對氣息的感覺就更清楚了。調身、調息、調心，心調了，息自然調，息調了，身自然調；反過來也同樣，身調了，息自然調，息調了，心自然調。

　　你對這一切很清楚，了知它是空的，你對心念沒有分別，對

空氣沒有分別，對呼吸沒有分別，對內外沒有分別，空氣由外進到內，或身體內的空氣吐到外，都是沒有分別的，都是清淨光明的，沒有什麼新的舊的，沒有乾淨的髒的，對你而言，全部都是清淨的。

此時你的身心會有變化，你的心馬上亮起來，氣機變好了，氣息也變亮、變金色的，這樣的氣息進來，這氣息如此順暢，你了解它是空的，是不真實的，是如幻的，它進來是遍身的，你的脈、你的氣的通道就順了，就暢了，就柔了。

脈為什麼柔？因為你對它不執著，很清楚知道它是空的。因為知道是空的，所以你身上所有的脈就自然的現起，此時我們很清楚組成這身體的是骨骼、肌肉、臟腑，我們清楚這身體是隨時在變化的，我們現在看看自己的身體，是不是覺得越來越不實在，所以當你對此很清楚時，我們不需要去抓著，身是空的，心是空的，本來就是如此。

現在大家看看你所處的這個空間，是不是不一樣了，比較虛幻一點，沒有這麼真實。譬如，書本、椅子、桌子，不像原來看到它們時，這麼實在、紮實的感覺，好像中間的縫隙變大了，這整個空間、空氣的縫隙變大了，所有事物看起來又像真的又像假的，很真實又很虛幻，這個世界是你的心的幻影投射出來的，是隨著我們的心在變化的，是我們的心造就出來的，而這個心也是如幻的。你的心是空的，心自然如；氣是空的，氣自然鬆；脈是空的，脈自然柔；身是空的，身自然空；你安住在空性裡面，境自然圓。

「老師，專注力的課程也可以讓情緒更穩定呀？那我也要參加！」

　　小依是個功課又好、又貼心，完全不用人擔心的好孩子。她沒有國一女生那種青春期的情緒，上課時總是幫助帶動氣氛，是樂意主動協助老師、協助同學的好學生。因此，當我聽到她的問題時，愣了一下才回答：「是呀！」

　　她好開心的來參加一日專注力課程。三、四天後，她見到我時，很興奮地對我說：「老師，這個靜坐心法好有效哦！我每天都有練習，現在我更能掌握自己的心了！」我聽了好感動，才國中一年級的孩子，就知道要學習掌握自己的心，而且可以做到！

　　許多孩子可能連自己有情緒問題都不見得清楚，而小依，這樣一個我們覺得很開心、沒有情緒問題的孩子，內心其實充滿衝突與壓力，卻正用盡她的力氣，努力做到大家的期待。

　　希望這個方法能幫助所有的人能更自在的面對自己，

掌握自己！

　　靜坐心法包含方法（數息法）及搭配的坐姿（七支座法），是以下各心法的基礎。就像練武功，內功最重要，同樣的招式，內功深淺不同，效果自有差異。定力越強，效果越大，心法能達到之效果，就看大家內功練得如何！

▶ 數息法

　　數息法的練習過程，會幫助你對你的每個心念都清清楚楚。清楚，但不影響你的心，如果我們在靜坐時可以做到，在日常生活中面對事情時，也就能很專注，而且可以同時處理很多事情。不管是上課、唸書或工作的時候，縱有別的人事物在旁邊吵，我們仍可以清楚知道周遭發生的事情，但又能專注在唸書、工作上，而不受到影響。

　　數息這個方法在印度被稱為二甘露法門之一。所謂「甘露」，就是長生不老的藥，另一方法是不淨觀，而以數息的方法最簡單、最有效、也最安全。

　　「數息法」顧名思義就是數呼吸，我們一天二十四小時無時無刻不在呼吸，所以反而不知道我們什麼時候在呼吸。因此，對有些人而言，要數呼吸其實是有點難度，身心越放鬆的時候，越能夠清楚的看到呼吸。

　　如何數呼吸呢？氣息出來第一次數一，出來第二次數

二，一、二、三、四、五、六、七、八、九、十，從一數到十，數到十以後，再回來從一開始數，這樣反覆由一到十的數下去。

數呼吸時，我們不去控制呼吸，很多氣功或是瑜伽都會要求控制呼吸，希望我們的氣息又深又細又長。我們在此要求完全不控制呼吸，因為控制呼吸時，一則有危險性，二則會無法自然在丹田呼吸。

剛開始數呼吸時，我們可能會數超過或是數忘記。什麼是數超過？當我們反覆地由一數到十時，你可能數到二、三十，甚至一、兩百才發現數超過十了，而任何時間發現數超過，我們就從一再開始數。

什麼是數到忘記？我們一邊數的時候，會一邊想別的事情，想著想著就忘了數呼吸。任何時候，只要發現你沒有在數息，而是在想別的事情，就再從一開始數。

 終·極·解·密

✎ 我們為什麼沒有辦法感覺呼吸？

我們沒有辦法感覺呼吸，是因為平常我們的心比呼吸粗很多，所以感覺不到自己的氣息。但在靜坐時，我們的身心是安定的，就能夠清楚感覺到我們的氣息，只是剛開始的時候，我們的心從粗到細之間還是有一段距離，所以

不見得立刻能夠感覺到自己的呼吸，因此可以透過一些運動、一些放鬆的方法，幫助自己放鬆下來，呼吸就可以數得更清楚了。

☑ 靜坐時為什麼不要刻意控制呼吸？

很多人在數息過程中會發現自己的呼吸很短，或者長短不一，這時候有些人就會刻意去控制呼吸，認為呼吸應該要又深又長才好，但其實最好完全不要去控制呼吸，呼吸長時就讓它長，短時就讓它短，持續這樣做，我們的呼吸自然會越來越深、越來越細、越來越長。如果你一直在控制呼吸的話，你就會永遠都在控制呼吸。

如果我們完全不去控制呼吸，每天用此方法靜坐，大約兩個星期，一定自然而然會在丹田呼吸。但是如果每次都刻意控制呼吸，則永遠都是在控制呼吸，反而無法自然在丹田呼吸。慢慢地，由靜坐時是丹田呼吸，成為隨時自然在丹田呼吸，之後呼吸甚至會更往裡面，在中脈裡呼吸，連毛孔也都可以呼吸。

☑ 控制呼吸對身體有影響嗎？

控制呼吸除了無法自然在丹田呼吸，還有一個缺點是：如果你數的呼吸比正常呼吸慢的話，很容易胸悶；如果你數的速度比正常快，會容易頭暈。不過萬一不小心控

制呼吸，也不用擔心，只要暫停一下，等恢復正常呼吸時，再開始反覆從一數到十。

 數呼吸，是練心的方法，也是掃垃圾的方法

　　數呼吸有什麼好處呢？我們從剛開始很亂的心，會數超過、數忘記的心，到不會數超過也不會數忘記時，其實你身心專注狀況就已經很不一樣了。漸漸的，你會開始察覺到，當你一面在數時，一面有其他的念頭，只是之前未察覺。這時候你的內功就很好了，你的定力也很好了，而定力好的好處之一，就是上課、做任何事情都很專心。

　　當我們可以開始覺察到自己的心在數息，一面還有其他紛亂的念頭時，表示已經有基本功力了；比起學習靜坐前，完全無法察覺自己何時未專注於眼前的事情，要進步很多了！

　　此時，我們一邊數會一邊想事情，在繼續練習一段時間後，念頭越來越少，心越來越清楚，偶爾有念頭上來，我們能夠不管它，不續想而持續數呼吸，這時候你的身心定力已經非常非常不一樣了。

　　這是一個練心的方法。我們平時在靜坐時，腳不會那麼容易痠痛，心情也不會那麼容易浮躁，可是當你在禪修靜坐的時候，你會覺得「腳好痠啊，好想換腳，背好痛，

心情怎麼變差了」，我們的心就是這麼有意思。

我們在數呼吸的時候，如果腳開始痛了，這時候就看是你的心比較強，還是你的腳痛比較厲害。當我們把心放在數呼吸上，放在方法上的時候，慢慢地，你的腳痛就不會影響到你；可是當你的心被腳痛拉過去的時候，心沒有放在方法上，你的腳痛就會越來越強烈，痛到後來你非換腳不可。

因為這是練心的方法，是我們在掃垃圾的方法。我們平常遇到事情、有心事的時候，總是把它藏到角落、藏在床底下，看起來好像很乾淨，實則藏汙納垢。這方法最大的不一樣是，它不是將灰塵掃到角落去，而是把這些灰塵全部掃出來丟掉。

在掃的過程中，每個人的方式不一樣，有些人的力氣大，一掃，灰塵都揚起來，所以平常沒有那麼多的情緒，靜坐時莫名其妙覺得好煩，坐不下去，這是因為你心力很強，一下子掃得太大力了，整個灰塵揚起來。這沒有好或不好，只能說每個人掃地的方式不一樣。

有些人一次掃一點點，好像也沒有什麼特別的境界或特別的感覺，但他是一點一點慢慢把心中的灰塵全部掃掉。有些人是一次揚起很大的灰塵，一次清掉很多東西，在清的過程裡，他感到很痛苦，就看熬不熬得過去。也就是說，每個人因緣不一樣，所展現出來的方式也不一樣。

多年前有一次主持禪二，在第一天晚上的課程中，有一位頗有修行的律師質問我：「為什麼我們要坐那麼久的時間？我在許多地方打過禪，都沒有坐一支香（一個段落）這麼久，我不是來這裡練腿的。」我回答：「你不是來練腿，你是來練心的。」

▶ 七支座法

　　「工欲善其事，必先利其器」，要讓數息法發揮更大的功效，首先必須將靜坐時的坐姿調好。這是一個能讓我們身心更健康，而且安心久坐的坐姿，總共有七個動作，只要把這些動作做正確，就算還沒有數息，此時身心也已經調整在相對於平常較好的狀態。

❖ 第一個動作是盤腿

　　如果能夠雙盤的話，盡量雙盤（即是將兩隻腳都盤起來），這姿勢最困難，但是效果最好。

只能單盤的話，那就單盤。若是連單盤也沒辦法，可以採用散盤（兩腳交叉坐著）。散盤，顧名思義，比較容易散心，所以除非真的沒辦法盤腿，我們盡量不用散盤。

　　有些人肌肉比較發達，連散盤都無法盤，則可以採緬甸座（如同散盤，但兩腳不交叉，平放在前）。

SC 小撇步

1. 很多人覺得盤腿很辛苦，或者腳拉不上來，此時可以試試看拉腳線這個動作，做完以後會比較容易盤腿。拉腳線如何做呢？把腳伸直，將腳跟推出去，此時腳趾頭會自然翹起來，推三次，每次推五秒鐘，再來盤腿，你會很驚訝盤腿變容易了！

2. 有些人的腳沒有完全鬆開，盤腿時會翹很高（尤其是單盤或散盤時），這時可以用毯子或墊子墊在下面，讓翹起來的腳能夠放在墊子上，不必繃緊神經、用力吊在半空中，就不會因為腳被筋肉強力拉著，而使身體也變得緊張，等到我們因專注於數息，自然而然身體放鬆時，我們的腳也會慢慢的鬆下來。如此練習一段時日後，當兩腳可以自然的放鬆貼地，就不必再墊腳了。

❖ 第二個動作是背直

什麼是背直？背直就是坐正後，從側面看，由頭到背是一條線，是正的、直的。一般人想到背要直，就會挺胸，其實當我們挺胸時，背不但無法放鬆，火氣也較容易上升。你可以注意到這時的背，側面不會是一直線，而是容易讓氣血淤塞的曲線。同時，另一常被誤解之處就是，當我們要將背放鬆時，大部分人就會變成駝背，這樣的身形是垮，不是鬆。放鬆會讓內臟獲得更大的活動空間，「垮」則會讓我們的內臟受到壓迫。

背直，身就正；身正，心就定，這時頭腦自然清楚，心力容易集中。背直時，氣血循環很容易到達頭頂，我們大腦能得到更多養分。反之，彎腰駝背時，氣血循環不佳，頭腦較不清明。我們如果平時常維持這樣的坐姿，身體也會越來越好。

SC 小撇步

如何讓我們的背輕輕鬆鬆就直起來？坐具很重要，我們坐在圓形的蒲團上（如果沒有蒲團，也可用圓形抱枕代替），坐1/2到1/3就好，這時蒲團就會幫我們把背直起來。

還有一招很有效的方法：想像你脊椎的每一節像充滿氣的氣球，由尾閭骨開始，由下而上，一節一節慢慢浮起來。當我們這樣想的時候，背脊自然就會直起來了。

❖ 第三個動作是手結印

所謂「手結印」，是將兩手自然下垂於盤著的腳上，左手仰掌放在右手手掌上（如果是慣用左手的人，就將左手手掌放在右手手掌下），之所以將常用的手放在下面壓著，有將「動」的心降伏的意涵。兩個拇指互相銜接，手很輕鬆的放在腳上。

由於兩手相接，可使身體左右血氣互通，能使身體的氣脈自行流通，這是一種很安定的姿勢，心中會自然產生寧靜的感覺。

盤腿時，散盤的人可能覺得手不夠長，無法放在腿上，這時可以墊個毛巾，讓手可以放著，不要提著，否則身體會無法放鬆。

❖ 第四個動作是左右肩膀平直

當我們兩肩肌肉放鬆，讓肩膀適度平展時，由側面看會自然呈一直線。

平時彎腰駝背的人，兩肩會向前含胸，太緊張挺胸則兩肩會向後擴張，都不是正確的姿勢。氣脈暢通的人，肩膀會自然飽滿，平直。

SC 小撇步

大部分的人肩膀線條不是平的，我們可以藉由輔助動作調整：想像你的手在水裡面慢慢浮起來，想清楚真的是在水裡的感覺，兩手由左右兩側慢慢浮起，再將肩胛骨放下來，肩膀放下來，大椎骨（脊椎的最上面）放下來，這時

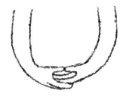

立即就會覺得肩膀鬆開來了，然後兩隻手慢慢的放下來，結手印，常用右手的右手在下，常用左手的左手在下，拇指相接。

❖ 第五個動作是舌抵上顎

舌尖輕輕的抵在上牙齦後面，這時候容易有很多口水

產生，我們將它稱之為「津液」，它跟口水不太一樣，對我們身體非常的好。練習時，常有學生反應：「老師，我的口水很多。」沒有問題，只要輕輕吞下去就好。

❖ 第六個動作是頭正、收下顎

大部分人的下巴都是突出來的，尤其是在打電腦的時候，下巴越來越出去，這種姿勢維持久了，能量氣血比較難到達頭頂，所以我們要將下巴內收，從身體側面看過去，由後腦至背呈一直線，能量才能夠順利到達頭頂。

> SC 小撇步
>
> 如何讓收下巴的動作做得徹底又有效？一、將後面兩塊肩胛骨放下來；二、將大椎骨放下來。大部分的人因為背很緊，一時很難放得下來，持續練習，便能夠慢慢把這邊的骨頭調整過來。

❖ 第七個動作是 眼開三分，視而不見

當我們在靜坐時，如果睜開眼睛，心較容易散亂，

不易攝心；若閉眼，則容易昏沉及產生幻境，所以眼睛要微開三分，視線落在身前二、三尺的地方，不要盯著定點看，要視而不見。

當身心完全放鬆的時候，我們的眼睛並不是整個閉起來的，而是眼開三分。三分眼如何開？訣竅是，讓上眼瞼自然掉下來，下眼瞼不動。我們將眼皮放鬆時，上眼瞼會自然放下，但如果將下眼瞼拉上則是緊的，所以下眼瞼不動，在這樣的情況之下，我們的眼睛就會正好開三分。剛開始大家可能不太習慣，感覺眼皮一直跳，過段時間眼睛放鬆了，眼皮就不會再亂跳。

回想去年暑假，才剛參加完第一屆的專注力開發體驗營，我便展開了長達一年的重考生涯。一開始進重考班，過多的資訊在我的腦中像混亂的毛線，越是想理清，線球便越是糾結。這紛亂的過程，其實跟體驗營中修習數息時經歷的情形很像。

靜下心來數自己的呼吸，正是讓心凝定、沉澱的方法。從一開始妄念紛飛，到正念（數字）與妄念均等，到數息不斷、數息成片，直到心念沉定，心、呼吸、數字三者分明。

要讓心沉靜而不擾動，往往比讓行進中的心不離正軌還更需要功夫。若數息時的心是沉靜的，埋首於知識的心便是行進的。數習時由雜念紛飛，到清楚數數的過程，其實與唸書時一開始想東想西，到後來完全投入知識的過程十分相像。

我將體驗營學到的定力用在課業學習上，才發現，心念一旦放鬆，知識與我的隔閡就少了，對於不拿手科目習慣性的畏懼就莫名消除，可以完全投入知識當中。讀書的時候，每個心念都清清楚楚的，很明白自己當下的心態，也不會因為好或不好而受到影響。在這樣的狀態下，許多知識都自然而然的連接起來，相互參照。（蘇盟雅）

「老師，太神奇了！因為長期使用電腦，我的頸部一直很緊，頭部能轉動的範圍很小，這三天的專注力課程中，我最喜歡的就是頭部運動，每做一次，頭部可以轉動的範圍就又大了一些。三天下來，每天大約做三、四次，我的頭居然可以自在的轉動了！不只如此，每次做完那種頭腦清楚的感覺，好像大腦在做spa，連眼睛都覺得變亮了！」

做過頭部運動、口吐濁氣動作後，我們在數呼吸上會更清楚，坐姿的調整上會更正確，此外也會幫助新陳代謝加快，頭部氣血通暢，有益於身心的調和。

▶ 頭部運動

此處頭部運動的做法，和平時我們做的頭部運動不一樣，完全不用肌肉的力量，因此效果也完全不同。

想像我們的額頭有一條繩子將我們的頭往前拉下來，不是用頸部肌肉的力量在動，而是想像這條繩子將我們的頭往

前拉，拉到底不能再拉時，再想像繩子由後面將頭拉起來。如此前後做三次。剛開始因為許多人頸部比較緊，可能沒有辦法完全拉到底，我們以能夠做到的範圍為主，不要勉強。

其次想像我們頭部的右邊有一條繩子，從大約太陽穴的位置，將我們的頭往右邊拉到肩膀，拉到底以後，再想像這條繩子將我們的頭往左邊拉至左肩，同樣頸部肌肉不用力，左右各做三次。

再來想像這條繩子在我們的額頭，將我們的頭往右後方拉過去，到底以後再往前拉回來，之後再往左後方拉過去，然後再拉回來，一樣做三次。盡量感覺是繩子在拉，我們肌肉不用力。

最後做整個頭部轉動。此時想像這條繩子在我們的額頭，將頭往前拉下來，然後將我們的頭往右邊轉動起來，由右而左，再由左而右轉回來，一樣左右做三次。

經常做此練習，幾天以後，大家會發現我們的脖子能轉動的範圍比原本大很多。

 小撇步

頭部前後運動時，上半身不要跟著頭部往前彎或往後仰。頭部傾向左右邊肩膀時，注意不要聳肩；頭部向右轉和向左轉時，上半身不要也跟著向左右轉，這樣才會有效果喔！

▶ 口吐濁氣

頭部運動做完以後，做吐氣的動作。

雙手以肚臍為圓心，放在肚子上面，上身往前傾，想像我們的脊椎由上而下一節一節掉下來，下來的時候吐氣，上來的時候吸氣，吸氣時脊椎由下而上一節一節疊起來，重複做三次。

下來吐氣時，可以用鼻子吐，也可以用嘴巴吐。吐氣的時候，想像我們將身上所有的濁氣吐盡；上來時吸氣，用鼻子吸，想像我們吸進很清淨、光明的空氣。

> **SC 小撇步**
>
> 建議這兩個方法除了平時可以多做之外，最適合的練習時機是在做內功心法（靜坐）之前，可以幫助我們在靜坐時數呼吸數得更清楚，身心更安定，內功增長更快速！

幾年前的一次三日禪，我接受師資培訓時，自願坐在禪堂後面觀摩龔老師的教學。當我看到許多來自不同角落、不同年齡層的人，有老、有少、有上班族，大部分人完全沒有接觸過禪修或者佛法，在龔老師親切又系統性的教學與引導下，從第一天剛開始的身心緊張疲勞、身體不自覺的動來動去、毛毛躁躁難以安定的樣子，到第二天、第三天，一個個自然而然逐漸變得一副神清氣爽、氣血飽滿、容光煥發、身心自然安定、神情安詳喜悅的樣子，我心中十分訝異。

想當年我開始學打坐時，可是熬了不少腿痛，摸索了不少工夫，才漸漸掌握方法，找到門路。怎麼這些學員才短短三天，也沒坐多少時間，用了老師發展出來的這些禪法和要領，就個個身體自然端正、氣脈暢通，行住坐臥間一副身心自然安定清明的樣子?!

但仔細想想，卻又覺得理當如此。這些年老師教學上的發展方向，無非是希望將這些生命的高階技術予以普及化，能夠更廣大的幫助一般人。教學上極力擺脫宗教色彩，運用一般人日常語言便能清楚掌握核心要領的方法，巧妙非常又直接有效！效果如此顯著也是必然。不知不覺間就會了，這正是老師這套教學方法的高明之處。（蘇明緯）

操作方法 3 放鬆心法 |放鬆、放下、放空|

「小寶貝會踢我的肚子了！」

　　小玉懷孕超過二十五週了，醫生已經問了好多次，但是胎兒都不會動，而且胎兒的體形也一直過小，讓小玉和她的先生相當擔心。

　　沒想到那天來上過放鬆禪法的課，小玉立即感覺到胎動，而且之後在做產檢時，將醫生嚇了一大跳，因為胎兒的體形不僅沒有過小，還比應有的大小超出兩週！

　　「原來這樣做就可以放鬆啊！我是一個很容易給自己壓力的人，長久以來，『放鬆、放下、放空』這幾個字，對我來說只是名詞，沒想到放鬆是可以練習的。練習完放鬆、放下、放空，我全身的緊繃都消失了！」小玉在上完一次三天的課程後好高興的述說。

　　很多人都說要放鬆，卻掌握不到一個具體的方法，往往越想要鬆，反而拉得更緊。就像有很多人晚上睡不著時，越放鬆卻越睡不著，那是因為他們以為自己有放鬆，實際上卻是抓得更緊。

什麼是放鬆？

我們先以一隻手的手掌做練習，感受一下比較粗糙的放鬆，重點是掌握住這種由很緊到鬆開的感覺：

一隻手握拳，很用力的握緊，然後慢慢的、一根根指頭張開，接下來手慢慢的張開，掌握住這種由很緊到鬆開的感覺。

現在開始練習更深層的放鬆：

以同一隻手，想像從你手掌骨頭的中心點，由內而外的鬆出來，就如同剛才由緊到鬆的感覺，由手掌、手指到指尖，整個由內而外的鬆出來。

再來想像我們手掌中心點的肌肉，由內而外慢慢的鬆出來，由手掌、手指到指尖，整個由內而外，整個手放鬆的鬆出來。再來是我們的皮膚，由手掌的中心由內而外整個慢慢的鬆出來。

接著想像我們手掌的細胞，由內而外整個慢慢的鬆出來，鬆到手掌、手指、指尖，每個細胞都是由內而外鬆出來。

現在這隻手是放鬆的手，我們將兩隻手動一動，揮一揮，搖一搖，會發現兩手的感覺很不一樣，放鬆的這隻手鬆多了，而且摸一下手掌心，會發現有流汗，而且汗比較黏一點。

什麼是放下？

我們先做一個練習：

將一手舉高，然後讓手自然的掉下來，完全不用力。

大部分的人很難將力氣抽離，像東西掉下來一樣將手掉下來，都仍然用肌肉的力氣將手放下，並總是提著力氣在做各種動作，包括行住坐臥都一樣。

我們現在將剛才做放鬆的同一隻手放在腿上，繼續放下的練習：

想像剛才手掉下來的感覺，讓你的骨頭從手掌中心點掉下來，想像手掌的骨頭掉下來、手指的骨頭掉下來、手掌的肌肉掉下來、手指到指尖的肌肉掉下來，全部都掉了下來，而我們手掌的細胞，整個細胞由內而外從手掌心掉了下來。

接著將兩隻手都放在腿上，感覺一下。我們的腿對這兩隻手的感覺很明顯不同，放下的這隻手比較重，另一隻手比較輕，表示我們有將骨骼肌肉放下。

現在這隻手是放下的手。如果做得好的話，手掌心會流汗，或是手指會有脹脹麻麻的感覺，這是氣飽的現象。

什麼是放空？

空不是沒有，而是沒有執著，很多人以為放空就是沒

有，那是不正確的。但要如何讓我們的手沒有執著、沒有分別呢？

我們現在以剛才做放鬆、放下的同一隻手來做練習：

想像在我們手掌心有一個太陽，這太陽像千百億個太陽般的明亮，我們盡量想得越清楚越好。

這太陽的光明越來越亮，這太陽像水晶一樣的透明，像彩虹一樣沒有實體，而這整個光明是遍照的，這整個光明從我們手掌心的骨頭裡面，由內而外整個慢慢的照了出來，照到手指，到指尖。繼續由手掌心的肌肉裡面照出來，到手指，到指尖，整個照出來。

現在你整隻手只剩下太陽的光明，非常非常的亮，整個手都亮了起來，只剩下光明，骨頭消失了，肌肉消失了，就只剩下光明。

現在這隻手是放空的手，我們將兩隻手動一動，揮一揮，晃一晃，會發現兩手的感覺很不一樣，一隻手比較真實，一隻手比較虛幻。放鬆、放下、放空的這隻手感覺若有若無，另外一隻手則感覺較實在，為什麼會覺得放空的手若有若無？是因為我們對它的執著減少了。

此處的「放鬆、放下、放空」是放鬆禪法的部分應用，而光練這一招就足以讓身心壓力減除，並得到莫大的調和，我們如果常常將這個練習應用在骨骼、肌肉、臟腑

上，不僅這些部位得以放鬆，更能因為放下及放空，使我們身心得到更大能量，更自在、更有彈性！

終·極·解·密

☑ 真正的「放下」對身心有什麼影響？

我們常聽人家說「要放下」，但通常我們所說的放下，就只是單純把心事、煩惱等擔心、掛意或過不去的人、事、物放下。其實我們也要放下自己的身體，讓自己不再「提心吊膽」，如此一來，不但身體會更健康，同時透過對身體放下的練習，也能讓我們的心更容易把掛意的心結放下，不容易被煩惱羈絆束縛，做人處事更明快簡捷，人生更勇健自在。

現代人的行相大多是「忙」、「茫」、「盲」，到底在忙些什麼？為何而忙？好像甚少去深思。參加專注力開發體驗營後，發現停下腳步，關照一下身心，是一個認清方向和紓解壓力的絕佳法門！

體驗營所引導的學習內涵，不同於先前我所熟悉的戒定慧三學之次第，而是透過放鬆與覺照，在行、住、坐、臥中隨時體會「定」的輕安與自在。兩天的學習過程中，除了體驗放鬆的好處外，經行的感受讓我印象深刻。

透過洪老師善巧的引導，觀照身心，漸漸的，發現好像已經很久沒有這麼用心和仔細注意自己了。因此，突然有一種強烈的感動和幸福感。或許，日後應每天留一點時間做身心的沉澱洗滌，才不會使自己淪落在忙亂和疲憊之中。畢竟，沒有清楚的覺照自心，如何能「觀察慧而正思惟」？自己的生命高度沒提升，如何幫助別人提升高度呢？（張淑琴）

操作方法 4 按摩心法 | 變年輕漂亮的方法 |

「你為什麼會來上這個課程？你希望在上過課後能得到什麼收穫？」

　　照慣例，每個梯次課程的第一天，一開始除了認識大家以外，我總會問所有學員上面這兩個問題。

　　那是在二十幾年前，有一對夫妻一起來上課（這是一週一次，一次兩小時的課程），當我問先生為什麼會來上這個課程時，他說：「我是因為我太太來的。」而我問到太太同樣問題時，太太說：「我是因為先生來的。」兩個人都不是自己想要來的，真有意思。

　　技巧地問了些問題才弄清楚，原來那位先生覺得自己太太脾氣不好，所以認為他太太應該學靜坐；而那位太太對靜坐非常排斥，完全不想來，是被她先生強迫來的。做先生的好說歹說，他太太怎麼樣都不肯來，不得已只有陪著她來，所以兩個才都說是為對方來的。

　　難怪那位太太的臉好臭喔！但是她第二次來上課時，整個人都變了，我幾乎認不出來是她。這是一個神采奕

奕，散發自信、快樂的人，不只是精神上，在容貌上，也像換了個人，變美了，膚色更亮，皮膚更好！於是我告訴她：「妳變得好漂亮哦！」她聽了好開心，有些靦腆：「每個人都這樣跟我說。」

她告訴我，因為我在上課教到按摩時，提到這個按摩的方法，會使皮膚變得比較好、變得比較年輕，甚至老人斑都有機會褪去，而在靜坐後做過按摩練習，她確實覺得自己身體真的不一樣，皮膚也變好了。回去以後，她就特別認真按摩，每天也都有靜坐（因為我有強調靜坐完之後按摩效果更好），結果才做了兩、三天，她的朋友、鄰居們就紛紛對她說：「妳變得好漂亮哦！」使得她對靜坐更有信心，做得更認真。

第二次上課時，我差點認不出她；第三次來上課時，可以說和第一次上課判若兩人，我完全沒認出來，還以為她沒來上課。她從完全不想來上課，到最後上得比誰都認真，整個人心性徹底改變，就像是變成另一個人。她說：「我現在人緣好好，大家都喜歡我，每個人都說我不一樣，都說我變漂亮了。」

▶ 按摩原則及方法

在靜坐之後，身心產生很好的能量，如果此時充分

按摩，能使身心感到調和舒暢。按摩的原則是由上而下，由前而後，由內而外。在按摩之前，先以手掌互相摩擦搓熱，再做按摩，效果會更好。

按摩順序如下：

❶ 以拇指指背互相摩擦搓熱，然後由內而外按摩我們的眼眶。〔圖A、B〕

❷ 以手掌互相摩擦搓熱，按摩我們的臉。〔圖C、D〕

❸ 按摩我們的額頭，左手由前方按住右邊太陽穴，右手由後方按住左邊太陽穴，逆時鐘旋轉按摩；再以右手由前按住左邊太陽穴，左手由後方按住右邊太陽穴，順時鐘旋轉按摩。〔圖E〕

❹ 以十個指頭的指腹按摩頭頂，做定點按摩。〔圖F〕

❺ 按摩我們的耳朵，包含耳廓和耳垂。〔圖G〕

❻ 按摩我們的後頸。〔圖H〕

❼ 按摩我們兩手的肩膀和手臂，關節的地方用揉的。〔圖I、J〕

❽ 按摩我們的胸部，兩手交叉放在胸上，旋轉按摩。兩手交換，反方向旋轉按摩。〔圖K〕

❾ 手掌互相摩擦搓熱後，拇指朝前，虎口朝下，按摩我們的脅下。我們身體的側面很少會運動到，這邊的氣通常比較虛，所以平時可以多按摩脅下，感覺會很舒服。

〔圖L〕

❿ 手掌互相摩擦搓熱後，以順時鐘方向按摩我們的腹部。
〔圖M〕

⓫ 手掌互相摩擦搓熱後，按摩我們的肩胛骨，以抓、捏能按摩到肩胛骨的肌肉為主。〔圖N〕

⓬ 再來搓熱我們的手背，用手指的關節按摩我們的脊椎兩側，盡量把你的手舉得越高越好，由上面按摩下來，然後觀想你的手進到脊椎兩側的縫隙裡按摩下來。〔圖O〕

⓭ 手掌互相摩擦搓熱後，按摩我們的腎臟。由於腎臟比較脆弱，也比較接近背部表面，按摩時記得不要太用力，以免傷到腎臟。〔圖P〕

⓮ 接下來按摩腳。先拉出一隻腳，從大腿根部開始按摩，肌肉的地方用抓的，關節的地方用揉的。〔圖Q〕

⓯ 按摩足三里的穴道（膝蓋下四指的位置，中間偏外側，骨縫的中間），這個點按下去會酸酸麻麻的，由此處順著按摩下去。〔圖R〕

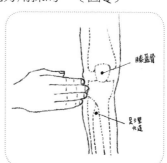

※足三里是養生的穴道，平時可以常常按壓。

⓰ 最後用拳頭按摩腳底。〔圖S〕

按摩時，可以想像右手手掌有一溫暖明亮的太陽，左手手掌有一清涼月亮，可以讓按摩效果更好！

舒緩疲勞僵硬，會讓你更放鬆專注

　　除了靜坐之後按摩，每天也可以視需要隨時做重點按摩，比如看書、看電腦，眼睛太疲勞，可即時用上述方法，兩掌搓熱後輕貼在眼睛上幾次，再做眼睛按摩，會讓疲勞的眼睛得到休養與放鬆。此外，讀書或做家事累了，覺得肩頸僵硬，也可用此方法舒緩。

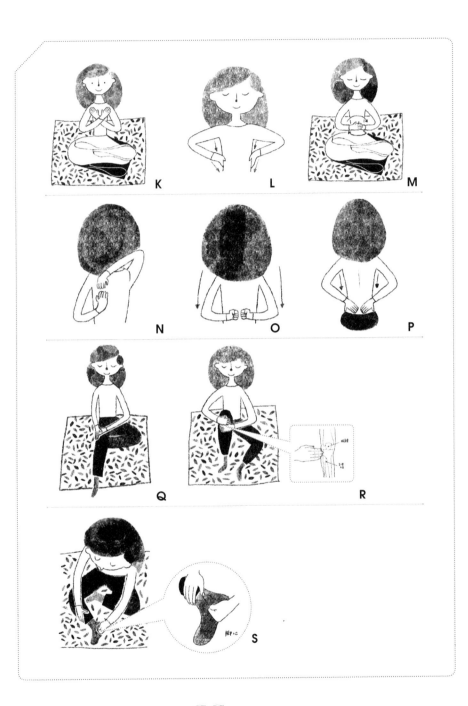

操作方法 5 運動心法 ｜身心舒暢的方法｜

「我是個不容易流汗的人，縱使夏天在大太陽底下，朋友們一個個滿身大汗，而我即使連灌三瓶水，還是不會流汗，整個人非常不舒服。自從上了專注力的課，做了柔身運動後，居然在室內吹冷氣都流汗了，做完之後，全身筋骨覺得前所未有的通暢！」

德國體育醫學龍頭艾倫斯特（譯音）博士採集了每天跑步三十公里以上的馬拉松選手的汗水，分析其汗水成分，結果發現裡面含有鎘、鉛、銅、鎳等重金屬物質。他說：「每天跑三十公里以上的馬拉松選手，自體內深處排出大量汗水的同時，亦將體內累積的重金屬排出體外。」可見流汗（尤其是排出體內深處的汗水）對我們的健康非常重要。而我們在做這些運動時，排出的汗往往會比較黏，這是體內較深層的雜質排出。

❧

「我平時沒怎麼運動，整天坐在辦公室，經常腰痠背痛，

但是在做柔身運動時，尤其是手甩開時，覺得筋骨都鬆開了。我最喜歡舉身攀月這個動作，每次做的時候，那種緊繃被拉鬆的感覺真是太棒了！除此以外，只要當天有做運動，總是倒頭就睡，早上也很輕鬆就起床了！」

這是位老是喊這裡痛、那裡痛，而且長久為失眠所擾的上班族，在上過我的課之後所做的分享。像這樣類似的狀況，我在課堂上聽過很多，也為這些學員的改變感到開心。的確，柔身運動在簡單的幾個動作中，就可以讓我們緊繃的身體得到很大的紓解！

▶ 柔身運動

我們在做柔身運動之前可以先做以下的觀想：

想像我們在水中，水的溫度非常適中，全身像楊柳一樣，全身的骨頭都像充滿氣的氣球，接著再想像我們的兩隻手，我們大家都有游泳或泡在水裡面的經驗，盡量想像你的手是在水裡面慢慢浮起來的感覺。

❖ 第一式「楊柳飄風」

讓你的身體放鬆，以身體的中心為中心，或是以脊椎

為中心，慢慢轉動起來。

　　剛開始幅度比較小，慢慢地，身體轉動的幅度越來越大以後，我們的手會自然的甩起來，而隨著轉動幅度越來越大，我們的手會拍打到膏肓穴及腎俞穴。

SC 小撇步

1. 可以想像我們身體就像博浪鼓，中心柱子轉動時，旁邊兩條繩子自然的打在鼓上。身體的中心好像一個轉軸，這個轉軸是自己轉動起來的，手像博浪鼓的繩子自然拍打。注意！我們的身體並不是往左右晃動，而是依一個軸心在轉，此動作懷孕的人不能做。

2. 有些人用腰的力量在轉，有些人則像是做運動一般，這些都是用到肌肉的力量。有用力的動作，就會有拉扯，

反而不見得好，要放鬆的、很自然的，以這個軸心慢慢轉動起來。

 檢核一下，你，做對了嗎？

　　做這個動作一下子就流汗了，身體會有暖熱產生，將我們身上很多脈結不通的地方都打通，使腰、肩和脊椎氣血通暢。同時，手指有脹脹麻麻的感覺，手指的氣都是飽的，或是覺得手指脹脹痛痛的，這都是氣到手指尖。一般學氣功的人，有的要練習多年，氣才會上手，我們只做一個動作就上手了。

　　這個動作和我們平常轉身的動作不同之處，在於是以身體中心為軸心，慢慢的轉動起來，這樣子轉動起來的力量是放鬆的，而且我們的手自然拍打，會幫助將一些部位鬆開，感覺非常舒服。

❖ 第二式「大鵬翔空」

1、慢版

　　身心放鬆，想像兩手在水裡面慢慢的浮起，浮至與肩同高，再將雙手慢慢放下，往前交叉。當我們的雙手往

下時，膝蓋彎曲，腳也蹲下來；手往上浮起，在胸前交叉時，膝蓋再回正。手腳同時下，同時上，重複以上動作。

2、快版

做快的時候，讓我們的手掉下再彈起來，完全不用力。腳的部分也是一樣，想像我們的膝蓋就像彈簧一般，掉下再彈起來。

身心放鬆，手腳配合一起做，兩手自然下垂，放鬆如繩索，膝蓋像彈簧，手放下來時，膝蓋也往下掉，膝蓋彈起來的時候，手如大鵬展翅般平展上來，重複以上動作。

SC 小撇步

1. 我們在做這個動作的時候，上半身保持放鬆姿勢，或像剛做完調身心法時的身形一樣。調身心法讓我們身體調至最好的姿勢，身體往下時，盡量感覺脊椎是筆直下來的，就像上半身坐在腿上一樣，不要彎曲。

2. 做動作時，試著想像、感覺在水中蹲下來、浮上來。

3. 此運動和一般體操的運動不一樣，體操是有用力的，而我們讓手腳自然的掉下來，自然的彈起來，完全不用力。

 檢核一下，你，做對了嗎？

　　這個動作看似簡單，但是做得好，我們身體的一些脈結會打開。做快版時，我們手平舉後，讓手自己掉下來，完全不用力，如果平常就能掌握這種掉下來的感覺，讓我們的手隨時這樣放下來，讓我們的腳放下來，讓我們的身體放下來，大家會越放鬆，身體承受的壓力也會更少哦！

❖ 第三式「身如遊龍」

　　這一式是前兩式的結合，所以難度又高一些。

1、慢版

　　身心放鬆，兩手在水中慢慢浮起，盡量感覺所有動作都是在水中進行。

　　第一個動作如同前面第二式（大鵬翔空）；轉身，膝蓋沉下再彈回，同時身體向右轉，左手往身前橫擺，右手往

後擺；膝蓋再次沉下及彈上來時，手和身體一起轉回來。重複以上動作，但此次向左轉身，右手往身前橫擺，左手往後擺。

2、快版

快的動作也是相同。原則上，手自然的掉下來，膝蓋自然的彈起來。

兩手在水中慢慢的浮起。第一個動作如同前面第二式；轉身，膝蓋沉下再彈回，同時身體向右轉，左手也隨之往身前橫甩過去，右手往後甩出；膝蓋再次沉下彈起時，手和身體一起轉回。重複以上動作，但此次向左轉身。

 檢核一下，你，做對了嗎？

這個動作雖然很簡單，但是一做就會身體發熱，縱使在冬天很冷時也會流汗。如果我們做得正確，效果非常大，而且可能覺得腳很痠、手很痠，這是因為身體放鬆，裡面一些長期積累的酸性物質排出來。

❖ 第四式「舉身攀月」

1、慢版

身心放鬆，兩腳張開與肩同寬，上半身保持正直，兩

手在水中慢慢的往前浮起，盡量舉高，雙手盡量貼近頭，手伸直，手肘微彎，有如攀到月亮一般。

手慢慢放下，同時膝蓋蹲下；手往後，膝蓋同時浮起來；手往前，同時膝蓋蹲下；手持續舉高時，膝蓋同時浮起來。重複以上動作，手腳一起上下。

2、快版

身心放鬆，兩腳張開與肩同寬，上半身保持正直，膝蓋如彈簧般彈起，手如繩索般完全放鬆，由於膝蓋的彈力使雙手向前彈起，向上擺動，舉高至頭，有如攀到月亮一般。

膝蓋下沉，手同時由上自然放下甩手；膝蓋彈起時，手甩至身後。膝蓋下沉，手同時由身後往前甩至身體兩側。重複以上動作。

SC 小撇步

1. 舉高之後吐一口氣，可以幫助我們再舉高一些。一般人舉起手時和頭部有一點距離，但如果我們真的做得好，手其實是可以貼著耳朵的。

2. 有些人做這一式會身體往前、屁股往後翹，那是胯沒掉下來的關係，所以要盡量讓上半身保持正直，讓我們的胯掉下來。

3. 做快版動作時，很多人的手就縮短了，要注意手仍是伸直、手肘微彎。

 檢核一下，你，做對了嗎？

　　做完後你的呼吸比平常細一些，順暢一點，手掌心可能會流汗，感覺脹脹麻麻的。

調身線、放鬆放下、讓全身肌肉骨骼到它該在的位置，藉此讓身體更安定和諧，這是來體驗營第一件可以切實感受到的事情。記得一年前參加體驗營時，我還只是高一升高二，現在已經是第三屆了。面對高三即將來臨的考生生活，我沒有自信保持好自己的狀態，而第三屆專注力開發體驗營的開課時間，恰巧緊接著學校的輔導課結束。

這次因為有住宿，早上起床時就先和大家一起做了柔身操。去年肢體極為不協調的我，這次竟然大有進步，可以自然而然地動起來，讓手隨地心引力揮擺到它們該到的位置。清脆悅耳的聲音，肩胛骨與腰間的來來回回，好像產生了一種神奇的動態平衡。當做到「舉身攀月」的時候，我發現自己好像真的可以將月亮實體化，就那樣攀在月上……。

數息也是，從前總是很容易與自己說話或東想西想，無法完整地從一數到十，甚至連呼吸都覺得不太自然。可是現在卻可以不受打擾，清楚知道有一個心念飄過，但還在數。這些都是我去年做不到的。雖然一年來，我對體驗營學的東西漸漸從清楚變模糊，但似乎還是在潛移默化下有所進步，我想是心吧——至少我這一年來可沒再讓自己被囚住了。（賴瀅臻）

調身心法 |恢復到如嬰兒般的身體|

　　剛生出來的嬰兒就像一張白紙，全身都沒有皺紋，全身的氣都是飽滿的，小腳、小手也都肥肥飽飽的，但隨著年紀越大，我們的身體卻越乾越皺，背弓了起來，肩膀聳了起來，身體都不一樣了。究竟我們要怎麼做，才能讓我們的身體恢復到和小孩子一樣？

▶ 身心摺痕

　　嬰兒的身體猶如白紙一樣，沒有摺痕、很飽滿，但隨著成長，壓力產生了，譬如肚子餓了，再大一點時，不可以包尿片，要學會上廁所，要上學唸書，有功課壓力、工作的壓力，朋友的壓力、親人的壓力，以及好的、壞的、形形種種的壓力。我們面對這些壓力的時候，在我們的身體上會慢慢的產生摺痕，而當這些壓力逐漸累積、越來越大時，在身上就會留下比較明顯的痕跡。

　　這些摺痕本來只有一條，再來兩條、三條陸續產生，我們的身體就如同一張原本平順、沒有皺褶的白紙，到後

來皺成一團，這時候我們會覺得很難受、不舒服，怎麼辦？我們會想要做運動，有沒有效？有效喔，有些地方會鬆開一點，會舒服一點，可是有些地方卻可能摺得更緊。

接下來介紹的調身方法和一般的運動不一樣，我們不是像運動一般反覆轉動我們的身體，而是將糾結在一起的紙攤開，將我們身上所有的摺痕通通都攤開、攤平。

當我們的摺痕全部都攤開時，我們的皮膚會越來越好、越來越有彈性，背會越來越平，不但不會駝背，還有可能會長高！讓大家可以恢復到像嬰兒一樣的身體，或者甚至超越嬰兒那樣的身體。

▶ 人類身心的大變革

「我本來以為這樣的身體應該不能恢復了，沒想到因為妙定禪的關係，我的身體反而比以前更好。」

民國七十九年，我（洪）出了一個很大的車禍，幾乎奪走我的生命。當時傷得很嚴重，脾臟碎了，肝臟、腎臟裂了，肋骨斷兩根，頭也破了，整個人被車子拖行了一百公尺，從車底下拉出來時，我的身體正面被汽缸燙傷，背面因在地上拖行而傷痕累累，體無完膚，在醫院時只能保持側躺。但不可思議的是，雖然受創嚴重，由於身體完全

放鬆，復原速度很快，而加以之後發展出來妙定禪，使得身體更好了。由此可見，妙定禪能使大家身心受到極大利益，是增進人類身心的大變革！

▶ 妙定禪的產生

妙定禪這一系列調身方法的產生，源自一些練武的學生向我（洪）請教有關學習武術時身心變化的問題。

由於我沒有習武，就請學生示範，結果發現他們的動作有破綻，於是先將自己的身體調成有破綻的身形，然後再調回我原本的身形，因此發展出將錯誤身形調回正確身形的方法，這不僅幫助習武的人功夫更臻完美，而且對於一般大眾的養生、調練，效果更是快速且深刻。

以下就是妙定禪的調身方法：

❖ 第一個動作調整鎖骨

我們一般在面對壓力時，第一個顯現出的位置在肩膀，肩膀會聳起來。當壓力更大時，我們會往前含胸，但是為了要抵擋壓力，又會有往後挺的動作，所以我們的肩膀至少有三道摺痕，而前四個調身動作，就是要將這些摺痕攤平。

❶ 我們先調右手，想像右手鎖骨好像門軸，我們的整片肩胛骨是一扇門，手含過來，做關門的動作。〔圖A〕

❷ 整隻手（包括整片肩胛骨）放下來。〔圖B〕

❸ 手再平移回身側。〔圖C〕

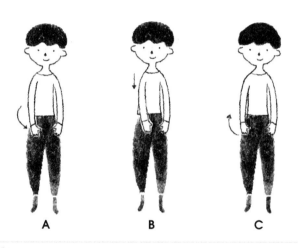

A   B   C

SC 小撇步

1. 手含過來時，像關門的動作，門要關到，並注意不要聳肩。

2. 有些人的肩膀、背是很緊的，如果剛開始無法放鬆，將整片肩胛骨放下來，就盡量想像它掉下來，大腦自然會將這樣的訊息傳給我們的身體。

3. 因為有些人肩膀還很緊，手平移回來這個動作沒有辦法做得很徹底，只要盡量注意肩膀不要再往外翻轉即可。

僅只這一個簡單動作，當你做得正確的時候，你的兩隻手長度已經不一樣了。

　　此外，手掌心會出汗，手指頭脹脹麻麻的，同時鎖骨上方也會有熱氣上來，這是氣機開始暢通。如果比較雙手皮膚，調整過的右手肌膚也會變得較細、較有光澤。

　　我們在練習時，有時會覺得手怎麼脹脹的？這是整個氣飽的狀況，妙定調身的方法很簡單，使我們在不知不覺當中氣就飽滿了、身體就順了，而氣通暢了，血液循環變好了，皮膚也就變好、變年輕了。

❖ 第二個動作調整肩關節

A　　　　　　B　　　　　　C

❶ 以右手肩關節為軸心，想像以整片肩胛骨為一扇門，向前關門。因為關的動作比調整鎖骨小，稱為「小關門」，我們一樣手含過來做關門的動作。〔圖A〕

❷ 整隻手（包括整片肩胛骨）放下來。〔圖B〕

❸ 手再平移回身側。〔圖C〕

 檢核一下，你，做對了嗎？

同樣的，做完以後手會更長，而且還會流汗，覺得脹脹麻麻的。因為我們調的是肩關節，比較一下兩邊肩膀，剛調過的這邊會比較飽滿。

將你的手輕輕靠近鎖骨及肩關節處，會發現有熱氣產生，而且感覺黏黏的，這是體內的一些濁氣排出。拍拍看，兩邊拍起來的感覺是不一樣的，右肩好像有氣墊一樣。

這個動作很簡單，肩部摺痕很容易就打開了。人要有福氣，肩膀要是圓的，而我們練了之後，肩膀會飽起來，會更有福氣哦！

❖ 第三個動作調整肘關節

想像我們在水裡面，下手臂好像在水中慢慢的浮起來，置於胸前，然後手在水裡面再慢慢的回身側。

小撇步

1. 這個動作看起來超級簡單，好像也沒什麼，但是效果非常大，它的重點在「浮起來」，而非「舉起手來」。

2. 手肘是放下來的，就好像放在桌子上一樣，如果你都做得很正確，會覺得手很重，甚至裡面一些酸性物質會跑出來。

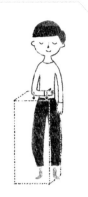

SC專屬 app **檢核一下，你，做對了嗎？**

　　如果我們的手有放鬆、放下，手會是很重的。我們可以和朋友互相試一下，請朋友將手臂放在你的手臂上，看對方的手是不是重的，是不是有放鬆、放下。若是你感覺不到重量，表示他的手還是提著、拉著，所以沒有重量；感覺他的手很重，就表示他有完全放鬆、放下。

　　我們一般以為放鬆的手應該是輕的，其實放鬆的時候是重的。有些人為了讓它感覺是重的，會故意往下壓，其實壓下來的感覺跟放鬆的感覺是不一樣的。真正放鬆時，看起來覺得很輕，沒有用力，但是被搭到手的人會覺得很重、很沉。

　　由此可見大部分的人平常很辛苦，把太多力氣用在不

需要的地方，我們的身體經常都是拉著、提著的，現在就學會隨時隨地放下來。將我們的手放下來，肩膀放下來，肩胛骨放下來，五臟六腑放下來，不要沒事提心吊膽的，將它們放下來，放下來身體會更健康，心情會更愉快！

❖ 第四個動作調整腕關節與指關節

❶ 想像整隻右手在水裡慢慢的浮起來，或是好像有人將我們的手臂托起一樣。〔圖A〕

❷ 手腕放鬆，讓手掌自然的掉下來，再回正。〔圖B〕

❸ 調整我們的指關節，由上而下一節一節的向內捲起來。〔圖C〕

❹ 手指打開的時候想像充滿氣的氣球打開。〔圖D〕

❺ 然後想像我們整隻手在水裡慢慢的放下來。

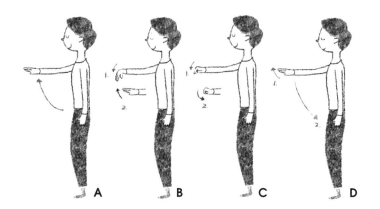

SC 小撇步

1. 整隻手在水裡慢慢浮起來時，將你的手完全放下來，盡量去感覺好像有人幫你托起來似的，只有真正整個放下來，手才能真的浮起來。

2. 當手浮著時，手就是自然的掛在那裡。我們平常舉手的時候，會使用力氣舉起手，現在我們盡量去感覺手是放下來的，而當你的手真的放下時是不會累的。

＊ 慈慈在小學二年級時，有一次和幾個同學一起被老師罰舉手，結果她舉得很高興，因為她在練功，手不痠，而且還教同學，結果大家在那裡舉得很開心，老師根本不知道他們舉的手一點都不痠。

SC app 專屬 檢核一下，你，做對了嗎？

　　到目前為止，右手全部調完，此時兩手長短會有非常明顯的差距，右手線條變得順暢，皮膚變得更細、更有光澤，手的反應變快，力氣變大。

　　你可以左右手的手指互敲，會發現右手的手指敲得比較痛。

（※換左手將第一到第四個調身動作做一次）

❖ 第五個動作調整肩胛骨

　　肩胛骨是我們壓力的累積點，所以每個人的背都是凹凸不平，而第五和第六個調身動作就是要將背及肩胛骨的摺痕攤平。經常練習這些方法，大家的背都會變平、變美。

❶ 上身自然的往前傾。〔圖A〕

❷ 兩隻手在胸前交叉，藉由交叉的動作，盡量把我們的肩胛骨往外擴展。〔圖B〕

❸ 將手放下，沿著肩胛骨順氣下來，做三次。〔圖C〕

❹ 上身慢慢回正，藉由回正的動作將我們的肩胛骨和大椎骨放下來。

❺ 起身後，拇指朝前，虎口朝下，沿身體兩側脅下順氣三次。〔圖D〕

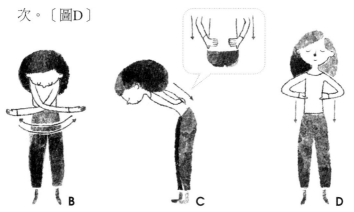

1. 這個動作，上身自然前傾，不需要很彎，只要角度能拉到肩胛骨的位置就好。如果你彎很多，那種角度反而使交叉的動作沒有擴到肩胛骨。

2. 有許多人的肩胛骨太緊、太硬，一時要放鬆比較困難，但如果我們在上身回正時，同時將肩胛骨放下來，就很容易幫助我們的肩胛骨鬆開。

SC專屬 app 鬆開肩胛骨，卸下無形的壓力

肩胛骨是否鬆多了？背也比較平了？肩胛骨是我們壓力的集中點，一般人這地方都很硬也很緊，整個背像石頭一樣，甚至想要動它都動不了，而這個調身動作可以輔助我們將整塊肩胛骨放鬆下來，肩胛骨一旦鬆開，我們會發現壓力減輕很多。

如果仔細觀察每個人的肩胛骨，會發現樣子都不一樣，而且都凹凸不平。以前是年紀大或工作繁重才會逐漸出現這樣的背，但是現在放眼望去，很多小學生的背也變成如此，可見現在的孩子都承受了過多的壓力。

沿兩側脅下順氣會感覺很舒服，

平常這個部位幾乎運動不到，但由於淋巴和肺葉都在附近，常順氣按摩對我們的身體幫助很大，有助於提升心肺功能和免疫功能。

❖第六個動作調整手臂及肩胛骨

❶ 想像兩隻手在水中由兩側
　慢慢的浮起來。〔圖A〕
❷ 往前合掌，想像我們的手
　消失了。〔圖B〕
❸ 翻掌過來，使指尖朝胸
　口，想像指尖跟胸口之間
　有個氣球，氣球盡量往外擴，藉由外擴動作把我們的肩
　胛骨往外擴張。〔圖C〕
❹ 然後翻轉手掌，左手在下，右手在上，由胸口慢慢順氣
　下來三次。〔圖D、E〕

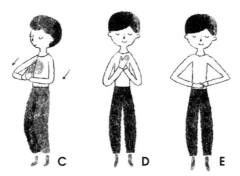

到目前為止，完成了上半身的調整，肩膀比之前更鬆，胸部鬱結之氣也鬆開了！

SC 小撇步

1. 注意指尖朝胸口時，兩手掌要合在一起喔！
2. 合掌時，想像我們的手消失了。如果想得夠清楚，雙掌會更放鬆的黏在一起，甚至手掌可能會流黏稠的汗，這是因為我們去除了意識中對「手的概念」的執著限制，使得練習達到更好的效果！

❖ 第七個動作調整胯骨

❶ 以腳跟為軸心，整隻腳往內扣，另一隻腳也是同樣轉進來，使雙腳呈「內八」。〔圖A〕
❷ 上身往前傾，觀想脊椎一節一節向前彎曲，雙手自然下垂。〔圖B〕

❸ 將我們的臀部盡量往外推，稍停片刻。

❹ 雙手由臀部往腳順氣下來三次。
〔圖C〕

❺ 上半身慢慢的回正，藉由回正的
動作，將你的尾閭骨放下來，胯
骨鬆開放下來，感覺上半身是坐
在我們的腿上。

小撇步

大部分的人不論站或坐時，總是把力量放在我們的腰上
面，讓腰部承受很大的壓力，因此經常腰痠背痛，所以要
多練習別將力量集中在腰上，讓腰能放鬆，學習讓上半身
坐在我們的腿上。

SC專屬
app　　落胯的效果

　　練武的人都知道「落胯」非常重要，但是如何才能真
正將胯放下來，卻是許多習武的人最難的課題之一，而這
一招能幫助許多習武多年仍掌握不到「落胯」要點的人功
夫進步快速！

　　此外，現代人許多都有長短腳的困擾，其實問題不是

出在腳，而是胯的位置不正確了，當我們將胯調正之後，長短腳的問題也解決了。

胯不正時，還會造成我們的臀形不美、小腹變大，因此常做這個動作，不只可以矯正胯骨不正，更可以讓我們臀形變美、小腹內縮，臀部肌肉變得更有彈性，真是一舉多得！

像我有個學生身材很好，平時不喜歡運動，但只要能讓身材保持窈窕的動作，她都做得非常認真，尤其第一次學到這方法時，就發現臀圍立即變小、小腹縮進去了，因此她練調身心法，特別喜歡調胯的部分。

❖ 第八個動作調整雙腳

❶ 腳回正，膝蓋微彎。
❷ 將我們的腳趾頭張開，往上提，再放下來。〔圖A〕
❸ 腳跟提起來，再放下來，這時候我們會覺得站得更穩固一些。〔圖B〕

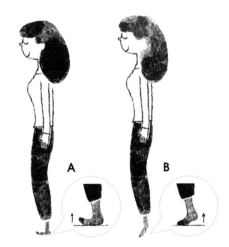

1. 要做腳趾及腳跟提起之前，我們先來測試一下你現在跟地面的感覺。腳站穩後，兩人輕輕互推，看是否容易被推倒。然後再站穩，做腳趾及腳跟提起、放下，兩人再度輕輕互推，這次是否不容易被推倒，感覺站得更穩固了？這就像練武的人站樁，只要樁站得很穩，表示氣已經到達腳底。

2. 腳趾頭提起的動作，可盡量往上、往外張開之後再放下來；腳後跟提起時，就像有個氣球將你的腳後跟浮起來，然後再放下來，做正確時會感覺好像落地生根般黏在大地上。

SC app 保養膝蓋的方法

膝蓋放鬆的時候，並不是打直的，而是有一點小幅度的彎曲。有些人以為膝蓋彎曲是彎得很多，不是的，只要自然的微微彎曲就好了。

膝蓋微彎才能放鬆，不會頂住，氣血才能順暢。我們平常走路、站立時也要隨時保持膝蓋微彎，這是保養我們的膝蓋最簡單、效果又大的方法。

❖ 第九個動作調整頭部

❶ 將大椎骨放下來，兩片肩胛骨放下來，此時我們的下巴就自然的內收了。

❷ 再加上一個輔助動作，將左手放在下巴，稍微往內推一點，右手放在後腦，稍微往上、往前推一下。

SC 小撇步

1. 所有動作都是很輕微的，微調就夠了，不需要用力的推壓。

2. 調整正確時，我們將手放在頭頂上，感覺有熱氣，就表示你的氣已經到頭頂上了。

3. 大部分的人平常都是仰著頭，所以由側面看時，由頭到背不是呈一直線，頸部很明顯是曲折的，因此氣不能上到頭頂。當下巴內收之後，氣就能到達頭頂，所以會有熱氣產生。

SC app 專欄　調整頭部的功效

當我們將肩胛骨掉下來、大椎骨掉下來時，下巴自然會內收。下巴往內收之後，我們的氣脈會走得比較深層，

能量較能到達頭頂，頭腦就更清楚，眼睛也會比較亮喔！

　　當你調對位置時，專注力會非常高，身體不會想動，也不想說話，但是頭腦非常清楚，對自己的念頭，對周遭的事物，都是瞭如指掌。而如果我們的身形身體能夠隨時保持，讓能量能到達頭頂上，不僅對我們的腦部非常好，對於讀書及工作效率的提升，更是不可言喻。

　　這個妙定調身的心法，隨時隨地都可以做，不一定要固定時間整套做。譬如在坐車或是等電梯的時候，可以做一下關門、手浮起來一下，甚至調一下肩胛骨。經常做這些調整的動作，我們的身形在無形當中就改變了，身體也就變好了。

　　同時，大家在全套調身做完之後，可以用此站立姿勢做全身骨骼、肌肉及臟腑的放鬆放下。

（※可搭配《養生從放鬆開始》隨書附贈的放鬆導引CD）

上過Lynn（龔老師）的專注力課程後，讓我體驗到生理與心理上完全的放鬆，那種美妙的感覺，我想只有真正參與過的人才能感受。

在Lynn的課程中，有幾項課程讓我感到很特別，效果很好。首先是全身放鬆的調身心法，光這一項就讓我得到很大的幫助！它是個很簡單、可以隨時隨地進行的方法，藉由妙定調身進入禪坐，由於身心靈已放鬆，在禪坐過程中格外的專注與平靜。接著睡覺這門課也很特別，藉由Lynn的引導，雖然只有短短30分鐘，但是大家睡成一片，打呼聲此起彼落，在下午的課程中精神都很好。而最特別的是走路這門課，學員們在Lynn的帶領下，雖然是在走動，但心靈上卻格外寧靜。

我本身是擔任電子業業務一職，這個產業的競爭強度與壓力可想而知，一天工作12小時是很正常的，在面臨繁重的業務、客戶端及自家工廠端複雜的溝通時，對我的生理與心理都是很大的考驗。這套放鬆的妙法，讓我的同事與客戶都感到神奇，常常問我為什麼在這樣的工作壓力下，依然保有一個正向與積極的心態，我想很大一部分是透過Lynn的方式，使我能自我調整，在工作上與生活上找到平衡。（Ken Wang）

坐姿心法

|上課專心法|

「老師，有效！有效！」

　　艾瑞氣喘吁吁的跑進來，我問他什麼有效？他說：「昨天上了專注力的課，今天在學校上課時，我做坐姿專注力練習，本來上課都很容易分心，結果今天老師講什麼都聽進去了，以前每次上課都等很久才下課，結果今天不但每堂課都很快下課，而且一下子就放學了。」

❧

「老師，我從開學到現在沒有一次不是考一百分的。」

　　這太神奇了，尤其這句話是由美美口中說出來。
　　美美並不是一位各科成績都很強的學生，於是我問她是如何做到的？
　　她笑著回答說：「每堂課一上課時，我就照你教的方法在椅子上坐好，並在老師進教室以前，就開始練習數呼吸，結果老師講的話都變得好簡單，上課的內容也都記住了。」

「以前怎麼叫她不要彎腰駝背都沒用，才去上了三天專注力課程，回來背居然直了。」

霓霓的媽媽一天到晚都在叫霓霓背要直起來，說她站沒站相、坐沒坐相。有一天，霓霓的媽媽突然跑來跟我分享這個好消息。

而霓霓自己也說：「以前我老是嫌媽媽囉嗦，背直起來很累人吔，為什麼一定要直挺挺的，隨意坐或站很輕鬆，大家都這樣，也沒什麼不好，但是自從上了專注力的課以後，背想彎都彎不下來。在學校上課時，才發現彎著坐不舒服，會一直想換姿勢，上課容易分心；從我開始運用坐姿心法上課後，心情變得好安定，不想亂動，不想說話，也不覺得累，更重要的是上課變輕鬆，功課也變好了。而且我發現大部分同學上課都沒坐正，難怪他們不專心！」

許多人練習這方法之後都很驚訝，只是多做了幾個步驟，效果竟如此驚人！因為這樣坐的時候，你和椅子就好像黏住一般，而胯一旦放下來，你的心也放了下來，再加上這時你的身是正的，就很容易專心。

▶ 坐下的方法

我們來練習看看：

❶ 站在椅子前。

❷ 先調胯，以腳跟為軸心，整隻腳轉過
　來，兩隻腳往內扣。〔圖A〕

❸ 身體往前傾，然後慢慢坐上來。

❹ 將臀部推到底，頂到椅背。〔圖B〕

❺ 上身回正，腳回正。

❻ 大腿和小腿呈90°直角。〔圖C〕

　※如果你的個子高，腳比較長，可以墊

個墊子在椅子上；個子矮的人就把墊子墊在腳下，讓大

腿和小腿能夠呈90°。

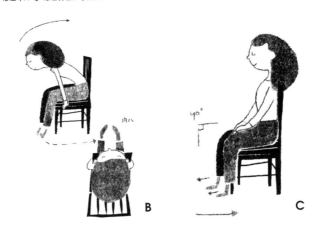

 做一點小改變，你我生活大不同

　大家可以試看看，是否一坐下就感覺和椅子黏在一起

了！幾乎每個人坐了以後都不想動、不想講話，聽話也聽得清清楚楚的。方法學會後，學生在學校如此坐，老師講話就會聽得更懂了；上班工作也是一樣，專注力增加，工作效率提升，減少疲累，反而感覺更輕鬆。

當坐在車裡和椅子黏住時，行經崎嶇山路或顛簸路面，也能夠因此減少傷害。有一次我們去印度朝聖時，因為印度鄉下路面狀況很差，車子顛簸得很厲害，一路上驚呼聲此起彼落，坐後排的人甚至騰空跳了起來，後來大家上車時都用這個方式坐，就沒有人再從椅子上彈起來了！

坐車、搭飛機長途旅行時也很好用唷！尤其坐在飛機上，位子空間很窄，椅背又立得很直時，運用這個方法坐，可以減少旅途勞頓。

我覺得上這個課能增加專注力，讓我往後開學上課時可以更專心，不僅考試滿分，還可以將所學的東西有效運用在生活上。放鬆、放下、放空可以讓身心更靈活，靜坐能讓平日的壓力更紓解。教導坐姿，讓上課或做anything能更專心，我希望日後也能把這個課分享出去。（小珈）

我覺得專注力的課程讓我學到很多。例如：我學到了可以讓我考一百分的功夫。本來覺得這根本沒有用，並不想來上這個課，但是聽好多人都說很有用，實際體驗才知道真的是有用的，而且讓我非常開心，一點都不覺得無聊。我希望可以推薦給同學，讓我們班都考一百分！（郭禪攸）

原來我以為很無聊，但真正開始上課後，覺得很特別。尤其上完第一天回家，晚上洗完澡後，再做了一次睡前的那個運動，沒多久就睡著了。而第二天學的坐姿真的會有讓人很專心的感覺。謝謝老師的教導！（張馨比）

操作方法 8　走路心法 | 超高效率工作法 |

「走路時，讓我的心比較能定下來，比較沒有那麼浮。平時不管在哪裡，坐公車或走路，都會一直在想事情，可是剛剛在練習走路時，想要刻意去想事情都沒辦法，心變得好安定唷。」

　　這是小薇在上完一天的專注力課程後，和其他學員所分享的心得。她很驚訝，光是走路，就能讓人身心這麼專注、這麼安定。

「老師，我們再去走路好不好？我好喜歡走路哦！」

　　這是小學一年級的小瑄，在學校老師帶她來上過專注力課程後，她就常拉著老師和她去走路！

　　靜坐心法是增加內功的方法，是基本功，告訴大家坐著的時候如何用功、如何增加專注力、如何放鬆放下身心，而我們現在要學一個不一樣的方法，一個使我們隨時

隨地具足高專注力，又很放鬆的方法！一個讓我們活在當下的方法！

　　這個方法是教大家如何走路。

　　很多人可能會懷疑，走路還要學嗎？我們平時說話時手舞足蹈，可能連自己手腳放在哪裡都不知道。學習在走路當中專注，讓身心完全放下，隨時保持專注且放鬆，走路時手腳在哪裡就會很清楚。

　　而當我們對每個當下在做什麼都清清楚楚，我們做任何事情，不論是讀書用功或工作的時候，都能頭腦不亂，井然有序，知道什麼事情先做，什麼事情後做，不會遺漏、忘記，更不會手忙腳亂。如此一來，所有事情都清清楚楚，而且不會影響我們的情緒。

　　一般人可能以為坐著才有專注力，但如果在走路當中你的身心都是很安定的，你對每個步伐、每個心念都能清楚明白，在工作中當然也是專注且安定的。學會這個方法，等於二十四小時都在練功了，而當走路、站著、做事情，都在專注之中的話，我們的高效率將會是超級無敵。

▶ 走路的方法

　　走路時，我們每一個步伐都是清清楚楚的，把你的心放

在不動那隻腳湧泉穴的位置，等第一個腳步踏穩了，才開始走第二步。

不管是腳跟或是腳尖先著地，要整隻腳完完全全踏到地面以後，再提起另一隻腳。每一個步伐踏上去的時候，你的腳尖、腳跟和腳的兩側、中央部分，全部都清清楚楚的、很溫柔的、很完整的、沒有分別的、輕輕的踏在大地上，每個步伐都這樣子踏著。

將我們的肩膀放下來，不要聳肩，肩胛骨放下來，頭正、收下顎，將你的尾閭骨放下來，胯骨放下來，上半身好像坐在腿上一樣，膝蓋微微彎曲。

上半身不要挺起來，上半身放鬆，但是脊椎像充滿氣的氣球一樣，一節一節浮起來。脊椎往上浮起來，尾閭骨掉下來，肩胛骨掉下來，大椎骨掉下來，你的心也放了下來。

我們走路踏下去的時候，要夠鬆，腳才不會浮，整隻腳是踏上去的。這樣一步踏上去的時候，是整個腳掌完全的踏下去，踏得很實在。腳踏下來的時候，腳跟、腳掌、腳趾整個和大地是貼著的，這樣踏下來，步伐就會很穩。

我們平常走路時，腳是很浮的，腳都還沒踏好就走動了，這樣子走路，心自然會比較浮躁，比較散亂。我們走快時也是一樣，每一步踏下的時候是穩的，每一個步伐都是整個貼住的，氣是下來的，雖然走快，但心是定的，每個腳步踏下去是穩的。

所以我們在走路的時候，每個步伐要穩穩的踏著，清清楚楚的踏著，整個心就安定下來了。不管是腳尖或腳跟先著地，整個腳是貼的，是全部和大地貼在一起。當你的心是安定的，不管你是走慢、走快都是安定的。

　　再讓我們更定一點，將我們的胯放下來，感覺就更不一樣了。胯放下來，其實心就跟著放下了。任何時候，當你覺得胯又翹上來的時候，將它放下來，如果心被提拉上來的時候，再把它放下來。

　　剛開始，一走快，心就跑掉了。本來心是安定的，但是心的放鬆和專注還不太熟練，只能慢慢的、很專心的去走，稍微有一點點不用心，馬上就浮動了，所以第一個腳步要提上來的時候，放慢一點，慢慢上來，當你功夫夠好以後，不管快慢，心都一樣安定。

　　我們越走越純熟之後，對周遭事物的感覺會越來越清楚，我們的眼睛雖然沒有盯著東西看，但一切事物、景象就映入眼簾，耳朵雖然沒有刻意去聽聲音，但一切聲音都清晰明白。

　　試著速度加快一點點，不用加得太快，看看你的心是不是還在。如果心亂了，不專注了，就把它放下來。練習純熟以後，我們隨時隨地，心都可以這樣清楚自在。

　　如果在日常生活中，心都能像這樣保持清楚自在，做

事情效率會很高。慢慢的，你不管走路快慢，不管在做什麼，心都是一樣的，感覺都是那麼的安定，這時候無論你做任何事情，效率當然都會很高。

 終·極·解·密

☑ 究竟該怎麼走路才會走得穩？

走路時，上半身要鬆。有些人一放鬆，會將力氣放在膝蓋上，或者放在小腿上，這表示你的上半身真的有鬆開。為了要有個地方能支撐全身重量，有時候就把力氣放在小腿上面，或者放在腳掌上，而這會使我們站不穩，或是腳會抖，此時再將膝蓋、小腿部分鬆開，最後想像將所有的重量放到地底下，這時候你就會走得很穩。

☑ 為什麼走路要強調「腳踏實地」？

一般人心都很急，一隻腳都還沒踏穩，另一腳又抬起來。如果等前腳腳掌完全踏穩後，再提起另外一隻腳，像這樣子練習走路時，會感覺更放鬆且更專注，此時我們身心安定度就更進一層了。

☑ 為什走路時沒辦法和大地貼在一起？

有些人走路時沒有和大地貼在一起，甚至也沒有辦法和大地貼在一起，那是因為你和它之間有分別。沒有分別的時候，你的腳掌就會整個貼著大地。

 這樣做，走路時也能眼觀四面、耳聽八方

走路時除了練習身心如何放下，我們還可以配合增加五感的練習：

眼睛完全的放鬆，由眼球裡面完全的鬆出來，由眼根裡面鬆出來，把你的眼睛往內看。耳朵由內耳、中耳、外耳放鬆出來，把我們的耳朵往裡面聽，眼睛不要盯著看，往裡面看，聽聲音的時候，耳朵不是往外面去聽，是往裡面去聽。

這時我們就能眼觀四面，耳聽八方，試看看哦！

在認識Lynn（龔老師）之前，我其實根本不知道什麼是專注力課程，是有一次坐在豐橋美語一樓等著上課時，聽到有一個小男孩詢問Lynn，又進一步聽她說出一則一則彷彿神話般不可置信的故事，才使我對「專注力課程」這名詞多了些許的好奇心，當場舉手報名，跟一堆小朋友搶上課名額。

結果第一次上完課後很累，但那種累不是會讓人想發脾氣的，而是覺得身心舒暢、很舒服，感覺全身上下都不一樣了。課程當中我最喜歡睡覺心法和走路心法。Lynn在教走路時，告訴我們用怎樣的走路速度能使身心安定，同時要我們想像頭頂上有顆太陽，外太空的太陽讓人感覺灼熱，頭頂的太陽卻使人感覺溫暖，閉著雙眼緩慢的步行於教室裡。整間教室其實不大，但當一閉上眼，卻宛如置身一個無邊無際、白色不刺眼的溫暖時空，一個隔離外界紛擾、安定身心、平定心中所有雜念與怨念的神奇時空。

我，正處於青春期，應該是要有沉重的課業壓力的，卻在去上了課之後，找到方法能全神貫注的聽講並吸收，減少掉很多讀書的時間，而每當遇到煩雜的事，也開始懂得如何利用練習靜坐、調身、走路等心法來減少壓力。Lynn常說我很幸運，小小年紀就能學到這種東西。沒錯，比起其他人，能學到這些，我確實超級幸運的！（高羽柔）

操作方法 9　睡覺心法　|睡覺長高法|

「老師，你知道嗎？自從上了專注力課程後，我每天睡覺前都有照你教的方法去做練習，連續做了兩個月下來，每個月長高三公分，可是你去美國這一個月，我都沒有練，就沒有再長高了！」

　　去年由美國回來時，小安一看到我，就靠過來跟我抱怨。

　　聽完後，我輕拍他的肩，笑著跟他說：「所以你要繼續練啊！只要睡覺就長高，多輕鬆呀！」

　　小安是高一男生，因此對於能夠再長高，而且速度這麼快，非常高興，平常也練習得很勤。其實不只是成長中的青少年，五、六十歲還長高的例子也不少。

「很高興，來這邊得到真正幸福的感覺，我要將這個幸福的感覺帶給我的家人。這兩天到昨天晚上，原本我還心存疑惑，因為我的背還是很痛，但是妙睡法讓我的背釋懷了，

按照老師教的方法調完後，躺下去就起不來，三秒鐘就睡著了。能讓我睡著，能讓我的背平，這方法真是太受用了！」

這是在一次三天課程結束時，一位企業家的心得。

「我因為工作繁重，已經幾十年沒能一覺到天亮，半夜一定會醒來，然後就無法再入睡，但是自從練了睡夢禪法，都是一覺到天亮。不只如此，當我出差時，隨身帶著睡夢禪法導引CD，也解決了時差的問題！」

這是美國的一位企業家在上過課後，很高興的告訴我他的改變。

我（龔）第一次體驗「妙睡」，是在十幾年前上高階禪觀的課程中，和大家一起躺下來練習，結果睡醒後嚇了一大跳。

那次我大約躺了十五分鐘左右，站起來時，個子最矮的我居然能看到多位女同學的頭頂！我這才知道，原來經過短短十幾分鐘的練習後，因為身心完全放鬆的關係，身高竟一下子長高了七、八公分。

不只如此，肩胛骨和肩膀比較緊的部分也都鬆開了。回家以後，我每晚都做練習，整整練了一星期，雖然每天背都很痛（我們的肌肉、筋骨在將要鬆開，但未完全鬆開的時候最痛），但是整個背也因此完全鬆開，就連過去的傷也得到了很大的改善。

▶ 妙睡的心要

　　很多人晚上睡覺永遠覺得睡不夠，或是越睡越累，或是失眠，或是易醒。為什麼會有這些情況？為什麼我們在睡眠的時候沒有得到充分的休息？

　　幾十年前，大家都睡硬板床，睡覺時身體和床之間，尤其是腰部位置和床之間是有空隙的，這使得我們的身體沒有辦法得到完全的放鬆。因此後來有了彈簧床，躺起來很軟，讓我們的背可以整個貼在床上，但是人們又漸漸發現床太軟，反而會造成我們脊椎的負擔。

　　如何讓我們在睡眠時間得到最大的休息？其心要，就是在睡覺的時候要怎麼讓我們和床之間沒有分別。

　　什麼是和床之間沒有分別？你和床之間，它是它，你是你，我們和床之間有距離、有分別，所以你會睡不好。如果床是我們身體的延伸，床是我們身體的一部分，我們躺在床上時，自然能夠完全平貼，自然能得到最大的安適。

用這個方法睡覺，能使我們快速入睡，早晨很容易醒來，睡眠品質提高。

▶ 妙睡的方法

方法步驟如下：

❶ 我們先仰躺，仰躺以後，大家可以感覺到背、腰和床之間是有距離、有空隙的。〔圖A〕

A

❷ 我們要讓空隙消除，首先要兩腳屈膝，讓膝蓋對著乳線，將左右脈拉出，所以腳不是併攏的，兩腳之間有一點點距離。〔圖B〕

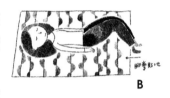

B

❸ 臀部提起來，將我們的背慢慢放下來，此時你會感覺到背和床的距離更貼近了一點。〔圖C〕

C

❹ 放下來以後，我們的肩胛骨和床之間還是會有一點距離，這時候我們將兩隻手在胸前交叉，藉交叉的力量把肩胛骨擴展開來，然後再慢慢的放下來，肩胛骨就可以更平貼床面。〔圖D〕

D

❺ 這兩個動作做好以後，再將我們的頭往前抬起來，放下；調整我們的頸椎，讓頸椎能夠放到正確的位置。〔圖E〕

E

❻ 這些動作都做完以後，我們的兩隻腳再慢慢放下來，兩隻手放在身體的兩側。

❼ 我們睡覺之前，就像這樣躺個二、三十分鐘，再睡覺。

SC 小撇步

1. 為了讓效果更好，建議大家不要在軟床上練習，可以在硬床或地板上鋪一層棉被，等調整完，依此姿勢躺二、三十分鐘，再上床睡覺。

2. 躺時習慣墊枕頭的人，可以墊枕頭練習。此外最好蓋個薄毯，比較不會著涼。

3. 在躺的那二、三十分鐘，可以一邊數息，一邊做放鬆，或是聽放鬆導引CD，效果會更好。

SC專屬 app

加碼做，身體調得更深，睡得更沉

除了以「妙睡」方式將姿勢調出，我們還有一個加強版「調脈法」，能夠幫大家調整得更快、更深層，另有

「放鬆禪法」引領大家輕鬆入眠，夢中自在。

1、調脈法

❶ 仰躺，在妙睡姿勢調完之後，腳跟盡量用力往外推（推腳跟時，腳趾頭會自然往內翹），同時放在身體兩側的手也折掌推出去，反覆多做幾次。

❷ 仰躺，手平舉，與肩同高，同樣也折掌和腳跟同時推出去，反覆數次。

❸ 仰躺，手往上舉，放在頭部兩側，同樣也折掌和腳跟同時推出去，反覆數次。

❹ 手和腳一起推出去時，整個身體的脈都會被調整到，整套動作做完時，你會感覺整個身體好舒服喔！

2、放鬆禪法

可搭配《養生從放鬆開始》隨書附贈的放鬆導引CD。

大學剛畢業，覺得有點徬徨、不知下一步該做什麼，在老爸朋友的推薦下參加了專注力開發體驗營。

在這個活動中，我深深體會到，原來心是多麼奧妙的力量，希望身體好真的就會變好，希望能專心真的可以專心。無論是調身、靜坐、經行等等，都讓我體會到原來心念可以控制一切。

當課程進行到睡眠紓壓引導時，一開始我不太能接受這樣的方式，因為我不太習慣有個聲音，也不太能接受內容，不過經過老師的解釋後（因為我的自我保護太強），我就睡得著了，現在一到晚上我就很容易累，很少有那種睡不著的感覺了。

我很喜歡這種不用刻意去迎合、配合別人的感覺，喜歡這種自我了解、放鬆、安定的感覺，希望未來在應對進退時可以冷靜並成熟的辦好事，也希望身體可以越來越健康！（小涵）

操作方法 10 快樂心法 | 天天開心又幸福 |

「老師，你剛才上課的時候，我完全聽不下去，我很想衝出教室，我真的坐不下去，請告訴我，這三天的課程，我該怎麼辦？」

　　這位學員在一次三天的專注力課程開始第一個小時下課休息時如此問我。雖然問他原因，但他並沒有告訴我為什麼。

　　我試著了解是什麼情況或內容會讓他聽不下去，他只回答說：「我很悶。」我只好告訴他，任何時間想衝出教室前，請先讓我知道，並讓他了解這三天課程有很多的活動，第一個小時因為需要介紹課程，所以操作的部分比較少。他告訴我，他會試看看。

　　第二次下課時，問他狀況如何？他說好多了，此時他才告訴我，他是重度憂鬱症患者，因自殺進出醫院好多次了！他還跟我說，他只要一沒吃藥就會出事，而他早上會這麼不舒服，就是因為他沒有吃藥。我告訴他，藥還是要吃，也許可以試著減量，但是不要不吃藥。

當三天課程結束時，他一臉喜悅的對我說：「老師，太謝謝你了，我這輩子從來沒有這麼愛過自己，從來沒有這麼快樂、這麼有自信！老師，你知道嗎？這三天我完全沒有吃藥哦！」

　　他快樂感動的心，感染了我和周遭的人，我很高興他找回了自信，也學會愛自己，但是他沒有吃藥的事，卻讓我捏了一把冷汗，這也太冒險了吧！

▶ 快樂心法

　　讓我們回想一下，我們過去曾有過最快樂的那一刻。這可能是你談戀愛的時候，結婚的時候，考上理想學校或是上研究所的時候，賺上第一桶金的時候，或者是你在事業上很有成就的時候，那一天你開心的樣子，很清楚的看到你那天的笑容，好高興、好滿足的笑容，所有的朋友和家人都為你開心，整個從心裡面笑出來，好安慰、好滿足、好開心的笑容。

　　看清楚那時候的你心滿意足的容貌，那個你和現在的你重疊在一起，那個人就是現在的自己，那個快樂的心整個湧上心來，那份快樂就留在這裡。暖暖的，幸福的感覺就這麼擁抱著你，你身上的每一個細胞都微笑起來了。

　　我們再來想像：你最想要達到的希望，你最想要擁有的

東西，你最希望發生的事情，最讓你開心的事情。這可能是你身體很健康，可能是你成功了，自己訂的目標達成了！這一天也許是看到自己孩子結婚的時刻，好高興！或是孫子結婚了，他們就站在你的前面，他們對你這麼的感恩！如果你希望身體好，則想像你身體最健康的樣子，精力充沛；如果你是學生，則想像考試高分，名列前茅。或者是希望你的事業達到高峰，想清楚你這時候滿足愉悅的容貌，你的家人、學校、同學、同事、部屬，你的公司的整個景象，盡可能的將場景想清楚。或是將來你希望的願景，你的房子、你的居住空間、你的生活品質，你最希望的樣子，現在都有了。如果是房子的話，把房子的樣子想清楚；如果是人的話，把人的樣子想清楚；如果是公司的話，把你的事業、你的同事的樣子想清楚，然後想像那個時候的你的臉和心情。

　　這時，你的心從裡面最深處笑出來，好開心、好滿足，整個人非常的喜悅，那種滿足甚至是眼淚都會掉下來的滿足，這輩子所想要的已經都達成了，我未來的願景都成就了，好

開心、好快樂。如果是佛教徒的話，可以想像自己成佛的樣子，親眼看到自己成佛的佛身，好漂亮、好莊嚴，這個身體跟你現在的身體結合在一起。

　　未來成就的你和現在的你結合在一起，過去最快樂時刻的你和現在的你結合在一起。這種快樂是沒有辦法譬喻形容的，是一種很安定、很自在的安心，平靜和滿足。

　　現在你最在乎、最喜歡的人就在你的面前，這個人也許是你的父母、你的丈夫、你的妻子、你的朋友，因為他看到你這麼快樂，這個愛你的人也變得很快樂，他的整個臉也笑起來了！因為你的快樂讓他很快樂，現在你看到他變得這麼快樂，你也變得更快樂，你們兩個人互相將你們的開心傳染給對方，現在你的家人，你的父母、兄弟、姊妹、兒子、孫子，將他們的笑容想得很清楚，他們全都因為看到你們兩個人是如此的快樂，全家也都很快樂，整個家庭的氣氛好幸福、好快樂、好和悅。

　　除了家人以外，你最好的同事、最好的朋友，也都笑起來。你的朋友們都很喜歡你，所有朋友們的生活、工作都很順遂，很快樂，你常常想你的同事都笑得這麼開心，他們和你的關係會非常好。現在所有你認識的人都很快樂，他們那種滿心的喜悅，充滿到讓所有的人都感染到這樣的愉悅，現在這世界上不管你認識、不認識的人都很快樂。這樣的喜悅，幸福的感覺，洋溢在你的心中。再來是你的敵人，你最

討厭的人，當你這樣想的時候，他跟你的敵對就會消失，會慢慢的消失，所以不要不去想你的敵人，反而更要想你的敵人，當你想清楚你的敵人很快樂的樣子時，他和你的溝通會更順暢。

想清楚你喜歡和不喜歡的人都很快樂，現在整個台北市的人都很快樂，整個台灣都很快樂，整個亞洲都很快樂，全宇宙、全世界的人都很快樂，當你這樣想的時候，沒有人會與你敵對，每一個人都會是你的朋友，每一個人和你講話時都會很自然卸下心防，很自然的對你很友善。

現在所有的生命都快樂起來，而我們現在充滿很安定的感覺，讓我們快樂的心延續……

這個快樂心法非常好用，除了自己變快樂，更能增長人際關係。時常練習這個方法，大家會更開心！更快樂！台灣真的需要多一點快樂，多一點幸福，這種打從心裡面發出真正的快樂！暖暖的幸福！

 體驗快樂心法的神奇功效

大家在練習完快樂心法之後，是不是心情愉悅，充滿動力，感覺到生命是這麼寬廣美麗呢？

隨時使用快樂心法，不管在走路時、上班時，在家裡

坐著、躺著或行走時，可以讓你快樂時更快樂，讓你在沮喪鬱卒時恢復活力與陽光。加入一個新團體時使用，會讓你快速融入團體，被團體接納；談判前使用，會讓談判氣氛及結果更順利。

　　早晨醒來時練習，讓你一天都快樂；晚上睡前練習，讓你幸福滿滿入夢鄉！

同樣類似的行程,但每次的收穫卻不盡相同。這次學了
「慈心觀(快樂心法)」,有點像心想事成,可是又
不那麼不真實。那是一種很美妙的感覺,想著一件事的快
樂、自己的快樂、喜愛的人快樂、周遭的人快樂……,就
這樣沒有理由也不需要地渲染開來,連嘴上都不自覺地揚
起了微笑。

很難相信有這樣美好的東西,但它真的存在。我想,
只要打開心去接受一個新觀念,仔細聆聽自己身心的回
應,體驗營會真正讓我們「開發」出自己的專注力!我知
道接下來要面對的會很艱辛,但同時我也明瞭,只要能夠
清心地觀照,自然而然就可以走到自己想要的,以快樂、
自在的方式。(賴瀅臻)

帶著好奇的心來參加這次禪三活動,有些感受不經意的
在練習經行和快樂心法時湧上心頭。雖然痛哭流涕,
但也將心上的塵埃藉機洗滌,感覺連平日常吃的飯菜也變
得更甜美了。我想惜福及感恩心的提升,是我參加此活動
最大的收穫。謝謝洪老師和龔老師的傾囊相授。雖然因個
人資質駑鈍,體受有限,但是真的非常感謝。(張慧伶)

Part

3

改命造運
不如改變你的專注力

Part3我們要談的是四個實際個案，藉此深入為大家剖析如何解決專注力不足的困擾。讓讀者在真實的情境中，更能了解超專注力不可思議的力量，並在生活各面向隨時隨地加以運用。

動靜之間 |超專注力讓你上課更專心|

實際個案 1

❖ 個案人物：小育

　　小育平常很活潑，一刻都靜不下來，每次走路都是用衝的，幾乎從沒見過他正常的走路，所以經常受到長輩或是朋友指責，認為他是個冒失鬼，媽媽也老是擔心他會撞到人，甚至因此受傷。

　　他似乎擁有一身過人精力，在家裡總是和弟弟玩到渾然忘我，鬼吼鬼叫，簡直快把屋頂掀翻了。媽媽下班回來也被吵得不得安寧。看著別人孩子能乖乖坐著讀書，或做自己的事情，小育的媽媽很期待，什麼時候小育也可以學會安安靜靜的做一些事情？

　　媽媽很關心小育的學習與成長，經常會和老師討論孩子的情況，但每次和老師說話時，叫小育在旁邊等，他根本做不到，沒三分鐘就在教室衝來衝去。即使媽媽叫他站著不要動，才說完沒一秒鐘，他馬上又開始蠢蠢欲動，腳晃呀晃的，手也在書包上滑來滑去。大家總覺得他太愛玩了，連靜個一秒鐘都做不到，卻不曉得他其實也不願意如

此，但他就是靜不下來呀！

　　所以小育寫功課的時候很容易分心，和弟弟玩來玩去的，一行字可以寫超過一小時以上，總要媽媽在身旁盯著他寫，動作才會快。但是縱使沒辦法和弟弟玩，他也會開始注意別人的狀況，只要旁邊一有個風吹草動，馬上就會衝過去湊熱鬧。連弟弟起身要去喝水，爸爸接個電話，他都像偵探一樣立刻湊上前去，想知道現在發生什麼事了。

　　他的心很容易浮動，毛毛躁躁的，往往半小時可以完成的功課，要花上好幾個小時才能寫完，但如果旁邊沒有人盯著，他根本完全不會動筆。因此，他縱使坐在書桌前，一會兒摸摸課本，一會兒摸摸橡皮擦，一下子上廁所，一下子偷瞄媽媽在做什麼，一下子又恍神想到今天在學校的事，一整晚下來也幾乎沒有安定的時候。如果他能好好靜下來將功課寫完，可以有好多時間做他喜歡做的事，而他的成績也一定很好，因為他真的非常聰明。

　　可是他的聰明常常用來鑽漏洞。對小育而言，玩最重要，功課沒完成會藏起來，騙家人說已經寫完了；早餐沒吃完，還會偷偷丟在沒人注意的角落，令媽媽很傷腦筋，不知道該如何教他？每天花在小育身上的時間、精力太多了，卻還不見得有用！

　　因為這樣的情況，學校老師就帶他來參加專注力體驗營。

▶ 小育的改變

出乎老師意料之外，那一整天的課程小育居然坐得住，而且坐很久還不會亂動，就這樣很安定的坐著。他的神情，竟是很安定沉穩的。雖然休息時間他還是很活潑，但只要一坐下來，就立即轉換成很安定的感覺，沒有一絲浮躁。因為這課程的設計，除了上課方式及內容吸引小育的注意以外，一開始教授的調身心法，也使他的身心立即安定下來。

身、息、心的關係是很密切的，如果我們注意看這些狀況較多的孩子，他們的身形，絕對是比較緊繃、不平衡的，或是在肩膀、肩胛骨及背會比較聳起。因此，當我們將他們的身體調鬆了、調順了，他們的呼吸會變順暢，情緒也會比較安定。

走路訓練時，一開始小育像一般孩子一樣，走很快，像是在玩，但是慢慢的，他越走越慢，越走越慢，學校老師發現他已經學會將心念放在慢上面，而且他的專注力可以持續很久。

很多用靜態方式練習卻難以達到專注的人，運用走路心法就可以很快速掌握專注的力量，那是因為透過走路心法的練習，可以讓我們學會任何時候都能專注且放鬆，而且腦袋清楚，井然有序。

在這一天的課程中，小育上課時很安定，下課時開心

的玩來玩去，一會兒玩身體構造的模型，一會兒和同學嘻嘻笑笑的，但在課程即將結束前，他卻一反常態，下課後還是坐在位子上，讓人忍不住過去問他怎麼了？他居然告訴老師，時間不多了，所以他要把握時間好好練習。看著他那一臉沉穩的表情，實在很難相信這是二年級小朋友會想到的事，可見他真的很珍惜這樣的課程！

　　依小育平常的狀況，學校老師本來以為他可能會受不了這樣密集的課程，尤其是長時間坐著不動，結果上完課後，小育居然很開心的說還要再來，而且一直說回去要教爸爸媽媽這套方法。

　　回到家後，他開始會自己練習靜坐心法，媽媽甚至說連在家中寫功課，他都還盤腿坐在椅子上，因為他覺得這樣比較好寫。以前小育寫功課拖拖拉拉的，七晚八晚都還沒寫完，現在放學回家居然會主動把功課拿出來寫，而且除了盤腿

以外，他還會先用坐姿心法調好坐姿，再開始寫功課，完全把媽媽嚇了一跳。以前都是弟弟比較乖，先把功課做完才玩，現在卻是他比弟弟早寫完。

▶ 老師的解說

靜坐心法，本來就是練習專注最基本的心法，所搭配的坐姿更是對安定心性幫助很大。

我們注意看一下坐不住的孩子，都是屬於「坐沒坐相」型的，因為他們坐不安穩，所以很難專注，而盤腿坐會增加身體的安定度，他自然會覺得這樣的姿勢比較好寫。同時，藉由坐姿心法將姿勢調正，就完全無法分心，所以小育能比弟弟還早寫完功課。

除此之外，小育平常身體動作很僵硬，以前拉動他的手，他很容易會用到很大力氣，但現在只要跟他說鬆下來，他可以很快的不再用力；而且他以前沒事就會搖晃手，現在只要出聲提醒他，他就會立刻停止。

雖然他還是很喜歡衝來衝去，但是該靜下來的時候，例如媽媽和老師在討論事情時，他已經可以站著不動，而且他的心是安定的，連媽媽都感覺得出來。沒想到之前連一秒鐘都沒辦法靜下來的孩子，現在居然可以運用方法馬上穩定下來。

對小育而言，成效最明顯的是坐姿心法和睡覺心法，他自己都會運用，而且運用得非常好。

　　每當在學校上課時，老師看他坐姿一調好，眼神立即就變了，人也馬上靜下來。他的媽媽和老師都沒想到，才上一天的課，孩子的變化就這麼大，因此雖然住在南部，而專注力體驗營授課地點在台北，他們只要一知道暑假有開課，就會立刻報名參加！

分心定心 |超專注力讓你做事情不分心|

❖ **個案人物：小美**

　　小美是個外向大方的小女孩，很會照顧人，也很貼心。她常會提醒家人什麼事還沒做，每次只要朋友有事情，也一定馬上過去安慰，是個很體貼的孩子，而這特質卻使得她非常注意周遭的情況，一有風吹草動便會被吸引過去，令學校老師對她這一點很頭痛，因為不管她正在做什麼事情，總會立刻停下手邊的工作，去處理身邊發生的狀況，而忘了眼前正在做的事。

　　例如每天的午餐小美都要吃很久，一直在看周圍的動靜，一下因為外面有聲響跑出去，一下發現有人偷吃水果去跟老師打小報告，一下子又因為同學在吵架而跑去勸架，忙到完全忘記吃飯，比老師還要忙碌，常常一口飯放進嘴裡，咬都沒咬就停住了，呆呆看著旁邊，要人提醒才會想到吃飯，每次都讓中午來接她的媽媽或姑姑等很久，大家都說她真是連吃東西都很容易分心呀！

　　小美很聰明，只是心比較浮躁，很難用心在一件事情

上。大家都說她動作慢，其實她動作快得很，因為她一下子要處理好多事情呀！如果她能一次專心在一件事情上，她其實是可以將每件事都處理得很好的。

由於她沒有辦法專注在一件事情上，寫功課的速度自然也是很慢，用罰的用獎勵的都沒用。雖然她並不想被處罰，也很希望拿到獎勵，無奈她就是沒有辦法掌控她的眼睛、她的耳朵、她的腦袋。

家人說小美是缺乏動力，沒有什麼東西能吸引她，所有東西都玩一下就沒興趣了，完全提不起勁。其實她是太有動力了，任何事物都會吸引她，停留在每件事物上的時間自然很短，而這都源於她的心太不安定了。

所以小美寫功課的時候，一定要姑姑在旁邊盯著才能寫得好，因為這樣才能管制不讓她分心。而當有人在旁邊緊逼，原本不懂的也突然就會了，可見她具足很強的學習能力，只是無法讓自己專注在一件事情上，因而平白耗費了許多時間。

小美很愛護妹妹，但卻總是被妹妹欺負，叫她幫忙做一堆事情，真是像足了傻大姊。只是她看起來迷糊的外表下，其實有著很敏感的內心，她的媽媽也提到，常常不知道小美在想些什麼，心裡好像有事卻都悶著。尤其是奶奶過世的那一陣子，她嘴裡雖然沒有說，心裡其實很難過，常常發呆。

媽媽因為提到小美容易分心的問題，剛開始學校老師有找了一些文章給她，後來就推薦她帶小美來上專注力開發體驗營。

▶ 小美的改變

小美第一次參加的是一日課程，爸爸、媽媽和幼稚園的妹妹都一起來上課。之後媽媽和爸爸說收穫很大，尤其是睡覺心法的練習，感受很特別，睡得非常舒服；而妹妹平常就是小霸王，很倔強，一直不肯坐好，非要黏在爸媽身上，只是沒想到這麼小的一個小朋友，在練習睡覺心法時居然睡著了！

她的爸媽說很不簡單，因為妹妹脾氣很拗，平常就很ㄍㄧㄥ，不容易睡著，可是那天居然一下子就睡著了。小美的媽媽說，連對妹妹這種坐不住的人都這麼有效，可見就算聽不太懂，不太配合，也能進入放鬆的狀態，真是太神奇了！

姊姊呢，小美當時雖然沒有說什麼，可是回到學校之後，她說她很喜歡走路，常常一下課就拖著老師說：「老師，我要去練習走路！」

之前小美走路都是拖著腳走，而且走的樣子很怪，自從學會這個走路方法之後，她現在走起路來顯得很開心，

而且很有自信。原本她的身體很僵硬，無法立刻放鬆下來，現在僵硬的情形也改善很多了！

這個走路心法是安心的方法，不論是成人或兒童，在練習過程中，心會慢慢的放下來，安定下來，而因為心安了，走起來自然開心，也會漸漸的升起自信。

另外，學校老師也和媽媽談到，小美的功課進步不少，而且進步得很快！寫字時，再也不用人在旁邊盯著，就可以寫得很好。以前和她說話時，她總是嘴巴說好，知道要做，卻做不到，現在她已經可以聽得進去，而且能夠立刻改過來。最明顯的改變是，她的心比較沒有那麼浮躁，感覺沉穩許多，忘東忘西的情況也減少了。

▶ 老師的解說

走路的方法，能讓小美活在當下，專注於一件事情，

因此她寫字時不再分心，也不需要人盯了；走路心法是增加執行力的方法，因此現在和她說話，她不只嘴巴說好，行動力也有了，可以聽得進去了，而且能立刻改正。現在的小美能專注於一件事情，心不再是馳散的，自然忘東忘西的情況減少了，她的心也不再浮躁，沉穩多了！

她的眼神很明顯變得不一樣，心是很安定的，而隨著穩定性的增加，以前莫名的情緒不佳消失了，曾經想到奶奶或在外地工作的爸爸就外顯的沉默也不再有了。她不再壓抑，開始會將情感表達出來。

最有趣的是，小美變得很不怕生，很容易交到新朋友，聽說她可以坐在客運上跟隔壁不認識的大姊姊聊天，而且什麼事情都聊，包括家裡的事、學校的事，全部被她洩漏光光，真是太厲害了！現在她只要用方法就可以讓心情沉穩下來，家人和老師都為她感到高興！

實際個案 3 打開心鎖 | 超專注力讓你心情愉快 |

❖ **個案人物：小偉**

　　小偉是二年級的小朋友，家境清寒，由單親爸爸照顧，但還好他一向安靜乖巧，也不太需要人家操心。

　　只是不知道是否因為爸爸對他期望太高，在教養上過於嚴厲，造成小偉的壓力，他後來在功課上越來越懶得訂正，總是應付了事，而不識字的爸爸在課業上也很難給他幫助，學校老師越來越常看到他皺著眉頭、悶悶不樂的樣子。問他怎麼了，他也只是皺著眉，嘴巴緊閉，搖搖頭，什麼也不說。

　　老師覺得小偉怪怪的，但又問不出所以然，只能看著他的功課日漸退步，有問題也都不再發問了。老師很擔心他的狀況，於是就帶著他來參加專注力開發體驗營。

▶ **小偉的改變**

　　在上專注力的過程中，慢慢的，小偉的表情變了。第

Part · 3
改命造運不如改變你的專注力
185

一天每個看到他的人，都說這個孩子怎麼一副心事重重的樣子，他雖然乖乖的不會搗蛋，但是愁眉不展，有好多人都為他擔心，卻不知該如何幫他紓解。

結果三天課程下來，他的變化一天比一天大，他的心就像是開了一樣，問他問題都會回答，還會笑著說很開心，悶悶不樂的感覺完全消失了，常常可以看到他靦腆的笑容。他說他很喜歡走路的訓練，也越走越專注，沒有一開始的急躁快速，越走越開心，整個人都笑起來了，緊張和不快樂都消失了。

回家的路上，小偉向學校老師吐露心裡的負擔，雖然他表現得好像不是很在意，但實際上這件事對他的影響相當深。他提到家人說媽媽不要他了，不會來看他了（他一出生媽媽就回去越南，還和別人結婚了），雖然刻意掩飾，但是當小偉在說這段話時，口氣中充滿了錯綜複雜的情緒，聽在學校老師的耳中，很震驚，也很為他難過，可以想見

小偉心裡的傷口是很深的。他還說他以後要當醫生，要賺很多錢，不再讓別人欺負他的家人。

學校老師很高興小偉願意把心事說出來，而不是悶在心裡面。當老師問他下次還要不要再來參加專注力開發體驗營時，他一邊點頭說好，一邊回給老師一個又大又燦爛的笑容。

回到學校後，他的表情變了，比較常笑了，雖然問他問題時，仍回答得靦腆，但是至少都會說了，而且在功課上也進步了！

▶ 老師的解說

走路心法，是能讓人活在當下的方法。

小偉喜歡走路，是因為在走路時，他學會沒有過去、現在、未來的心，學到如何好好的活在每一刻。雖然小偉年紀還小，不見得了解這些大道理，他只是認真的去做，只是照著老師說的去做，就能讓他身心改變。

原本帶他來的學校老師還很擔心，怕他會嫌靜坐心法和走路心法的訓練辛苦，沒想到小偉對這兩個方法很有感覺，靜坐時身心非常安定，神情顯得非常愉快，一動不動的坐在那裡，而且呼吸數得非常清楚，讓人不敢置信一位小二的孩子能那麼專注且自在的坐著。

靜坐心法是其他心法的基礎，數息法是練心的方法，是掃垃圾的方法，因此小偉做了這練習之後，心開了！會笑了！會將心事說出來了！

五感學習 | 超專注力讓你展現最佳實力 |

❖ **個案人物：小嘉**

　　小嘉的媽媽是越南籍單親媽媽，獨自撫養兩個孩子非常辛苦，還好小嘉是個非常活潑的小女孩，嗓門很大，每次打招呼都很大聲，但是很有禮貌。

　　她有一個很優秀的姊姊，但自己卻很調皮也很迷糊，常常忘東忘西的，不是找不到作業，就是找不到鉛筆盒，每天都在找東西。

　　此外，小嘉在學習上比較慢，尤其學習注音符號的時候，進度有些跟不上，一度以為需要報鑑定，確認是否有學習障礙；她的字也寫得很凌亂潦草，為了她，媽媽很傷腦筋，但是又沒辦法教她。

　　雖然小嘉有參加學校的課後照顧，但總是東摸摸西摸摸，寫功課的時候又很容易分心，寫沒多久就東看看西看看，或者和旁邊的同學聊天，因此每次寫作業都要寫很久，而且寫得又慢又亂。

　　總之，要叫小嘉專心做一件事情真的很困難。

尤其學校許多小朋友下午都有留下來課後照顧，使得她每天都非常忙碌，一下和小芳借橡皮擦，一下問小瑄早上吃什麼，一下又跑到小立的座位問他問題，所以她的作業總是沒辦法在下午完成，只好回家後再問姊姊。不過姊姊也有自己的功課，沒辦法一直花時間教她，小嘉自己又散散的，偶爾就會有缺交作業的情形。

因此，學校老師就帶著她來上專注力體驗營三天的課程。

▶ 小嘉的改變

在練習走路心法時，小嘉才一開始走，表情立刻和平時不一樣了，那種專注、安定的樣態，那種心無旁騖的神情，簡直判若兩人！

回到學校後，她告訴學校的老師，她很喜歡走路，所以常和小美相約去走路，兩人有時候在走廊走，有時候在操場走，有時候還會走給老師看呢！

小嘉在學習這些方法時，感受性很強，例如在做調身心法和運動心法時，她會很開心的告訴老師，她在做動作時感覺手熱熱麻麻的，她總是很真誠表達出她的反應。這幾個方法她都學得很快，因為她很單純，老師說什麼就做什麼，因此效果很大。

之後每次在家複習時，她都很開心的一再重複做，而反映在學校的學習上，最明顯的就是功課進步了，專心的程度真是讓老師沒話說。

　　以前小嘉寫功課的時候，會寫一寫就和旁邊的小朋友聊天，這除了她無法專心以外，另一個原因是不太會寫，但是漸漸的，不僅她的功課能夠準時完成，字跡也變漂亮了！而且一有問題就會馬上問老師，老師教她的也可以馬上吸收！到學期末時，她的成績很驚人的從原本倒數幾名，進步到中等的程度，足足進步了十幾名！

　　學校老師忍不住問她為什麼？小嘉笑笑的回答不知道。但是在她的老師看來，那幾天的課程在小嘉身上產生很大的變化，心的穩定性提高了，學習馬上也隨之提高，這讓老師也替她很開心。

　　尤其是在功課方面，除了老師，家中沒有什麼人可以教她，大部分是靠自己努力才進步的。小嘉說她

的收穫很多，光是走路，她的改變就明顯不一樣，信心也出來了！

▶ 老師的解說

　　身調了，息就調；息調了，心就調。調身心法和運動心法都會幫助我們的身體更健康，身心更協調，使我們的身心達到很深層的放鬆。一般人沒有辦法專注，其實是因為身心太緊繃，縱使能專注也較難持久，孰不知，放鬆的深淺和專注的強弱是很密切相關的。

　　小嘉很喜歡跳舞，在做調身心法和運動心法的時候，她的感受很深，而透過這些心法的學習，讓她的身心達到更深層的調整，所以課程結束後，很明顯看到她的身形比以前正多了！身放鬆，身就正了；身正，心就正；心正，就自然專注。

　　在體驗營中，小嘉她非常非常喜歡走路，而她走路神態很明顯的不一樣，也是學校老師未曾看過的。她的眼神和表情是沉靜的，走得非常好。走路心法，是能幫助我們五感學習的方法，持續練習會讓我們眼睛看得更清楚，耳朵聽得更明白，自然她的功課能由落後追到前面，進步幅度非常大！

附錄

在書末為大家規劃幾個表格：

1、我的專注力評量
　　幫助讀者了解自己專注的現況。

2、我的幸福人生願景圖～願景力
　　幫助讀者描繪出自己希望達成的人生願景。

3、我的成功方程式～執行力
　　幫助讀者列出為達成人生願景所需要做的細項。

4、我的理想完成表～完成力
　　幫助讀者將 「我的成功方程式」 中所列項目具
　　體化，以達成目標。

我的專注力評量

任何問卷都不能當作唯一的評量工具。讀者可以利用下方問卷幫助你思考，提出更適當的問題，必要時請專家進行更精確的評量。

● **自我專注力評量表**（下面列出各種症狀，請依發生頻率勾選）

	從不	很少	偶爾	經常	總是	不知道
*我是否經常丟三落四，遺忘事物						
*我是否容易受外界影響而分心						
*我是否經常遺失工作或活動必備之物，如文具、筆記						
*我是否經常粗心犯錯						
*我是否很難在工作或遊戲時維持注意力						
*我是否經常忽略細節						
*我是否很難專心聽別人說話						
*我是否很難依照指令完成事情，如學校作業、家事或工作的內容						
*我是否經常在別人話未說完時即搶著回答						

	從不	很少	偶爾	經常	總是	不知道
＊我是否不耐煩等待						
＊我是否經常打斷別人談話						
＊我是否經常話太多						
＊我是否很難端坐在課堂或其他必須一段時間坐在座位上的場合						
＊我是否經常手忙腳亂						
＊我是否在不適當場合經常過度地四處奔跑或攀爬（兒童）						
＊我是否對安靜地遊玩有困難（兒童）						
＊我是否經常處於活躍狀態，像馬達般不停轉動（兒童）						
＊我是否寫功課、讀書一定要有人盯（兒童）						
＊我是否施力不當，因為不會控制力氣，如關門、拉椅子很大聲（兒童）						
＊我是否動作笨拙，整理書包慢吞吞，課本老是掉出來（兒童）						
＊我是否有協調障礙，如手眼協調不佳，接不到球（兒童）						

	從不	很少	偶爾	經常	總是	不知道
*我是否活動量過高或過低（兒童）						
*我是否學過的東西很容易忘記						
*我是否做事拖拖拉拉，沒有效率						
*我是否寫功課或考試時很容易粗心錯，例如漏掉題目沒做						
*我是否很容易半途而廢						
*我是否經常發呆或作白日夢						
*我是否維持注意力的時間很短，一下子又去做別的事情						
*我是否無法同時完成多樣事情或多種工作						
*我是否不喜歡做需要全神貫注的任務						
*我是否反應慢半拍						
*我是否物品在眼前卻視而不見						
*我是否很難發現人或環境的改變						
*我是否模仿畫畫時無法注意細節						
*我是否學習新事物能力很弱						
*我是否生活不規律						

	從不	很少	偶爾	經常	總是	不知道
*我是否行為組織能力差，沒有指示，就不知道下一步要做什麼						
*我是否人際關係不良，因為反應慢或太過衝動，讓別人不喜歡和我相處						
*我是否情緒變化太快						
*我是否很懶散，能躺就不坐，能坐就不站						
*我是否常有無意義的重複動作，如搖晃、抖腳、轉圈						
*我是否對觸覺、視覺、聽覺等刺激，有過度敏感或敏感度過低的現象						

◆ 如果你有三十項勾選「經常」或「總是」，建議在Part2十種心法中，至少選擇三種心法每日練習。

◆ 如果你有十五項勾選「經常」或「總是 」，建議在Part2十種心法中，至少選擇一種心法每日練習。

◆ 如果你有三十項勾選「偶爾」，建議在Part2十種心法中，每週至少選擇三種心法練習。

◆ 如果你有十五項勾選「偶爾」，建議在Part2十種心法中，每週至少選擇一種心法練習。

我的幸福人生願景圖 (範例)

～～我這一生要成為一個○○○的人
　　我的最重要夢想是○○○

		我想要的幸福願景
健康	體重	50KG
	血壓	110/80
	體脂肪	25%
	BMI值	22
	運動	每週三次
	飲食	不挑食，營養均衡
心靈	紓壓	每天靜心10分鐘
教育	進修	研究所
	閱讀	每週閱讀一本書
	講座	每月聽一場講座
財富	房子	四房二廳二衛，至少40坪
	存款	存款500萬
	投資理財	基金投資
	保險	意外險及健康平安保險

		我想要的幸福願景
事業	工作目標	**30**歲前存到人生的第一桶金
	工作年齡	**65**歲前退休
家庭／ 人際關係	婚姻	**30**歲前結婚
	子女	育有一男一女
	父母	每週至少與父母吃飯兩次
	親戚	時常噓寒問暖
	朋友	定期聚會，平時利用社群網站聯繫感情
退休	第二事業 （公益事業）	定期捐款至流浪動物之家
	待完成的夢想	跨國領養小孩
休閒育樂	娛樂活動	定期出國旅遊
其他	興趣嗜好	看電影，閱讀書籍

我的幸福人生願景圖

～～我這一生要成為一個○○○的人
　　我的最重要夢想是○○○

		我想要的幸福願景
健康		
心靈		
教育		
財富		

		我想要的幸福願景
事業		
家庭／ 人際關係		
退休		
休閒育樂		
其他		

我的成功方程式 （範例）

健康＋心靈＋教育＋事業財富＋工作＋家庭／人際關係＋
休閒／嗜好興趣

健康	心靈	教育	事業財富
＊每天運動三十分鐘	＊每天大笑一分鐘	＊考研究所	＊每月強迫存款**1000**元
＊每天做一個十大心法	＊看著鏡中的自己對自己加油打氣	＊固定時間進修學習新知	＊研究投資理財的資訊
＊每年做一次健康檢查	＊每天晚上反省一下自己一天所做	＊參加社區大學的課程	＊不亂花錢
＊一週只喝一杯飲料	＊幫助別人	＊每週閱讀一本新書	＊記帳
＊一定要吃早餐	＊正向思考	＊線上研習	＊一個月只可買一次衣服
＊一天至少睡八小時	＊用快樂禪法	＊每天記三個單字	＊一個月只可以吃一次大餐
＊用手機一天不要超過三小時	＊每天讚美一個人	＊學習一項樂器	＊規劃每月支出

工作	家庭／人際關係	休閒／嗜好興趣
＊認真負責	＊每天和家人聊天至少五分鐘	＊妥善利用假日出遊
＊做完善進度規劃	＊經常表達感謝	＊每月有一天屬於自己的日子
＊工作能依進度完成	＊適當的運用網路社群聯繫朋友家人親戚	＊種花
＊快樂工作	＊每週和家人一起吃飯	＊每月至少看一次電影
＊不拖延	＊每個月與好友相聚	＊每星期有半天做自己喜歡的事
＊作週計畫及月計畫	＊經常性的噓寒問暖	＊每年出國旅遊一次
＊和上司部屬互動良好	＊記住親朋好友的生日	＊培養興趣

我的成功方程式

健康＋心靈＋教育＋事業財富＋工作＋家庭／人際關係＋
休閒／嗜好興趣

健康	心靈	教育	事業財富

工作	家庭／人際關係	休閒／嗜好興趣

我的理想完成表：今年減重12公斤

（範例。將「我的成功方程式」項目具體化列入）

檢核表： 月目標：減重1公斤；日目標：33克	
不做 😣	**要做** 😄
不吃零食	運動
月聚餐不超過一次	衣服買合身不過大
不喝含糖飲料	不穿鬆緊褲
降低澱粉量的攝取	穿束腹衣
不吃油炸食物	每天量體重

我的理想完成表：＿＿＿＿＿＿

（將「我的成功方程式」項目具體化列入）

檢核表： 月目標：＿＿＿＿；日目標：＿＿＿＿			
不做 😣		**要做** 😄	

作者簡介

地球禪者 洪啟嵩

　　國際禪學大師、禪畫藝術家及暢銷書作家，被譽為「21世紀的米開朗基羅」、「當代空海」。年幼目睹工廠爆炸現場及親人逝世，感受生死無常，十歲起參學各派禪法，尋求生命昇華超越之道。二十歲開始教授禪定，海內外從學者無數，畢生致力推展人類普遍之覺性運動，開啟覺性地球。其一生修持、講學、著述不綴，足跡遍佈全球。除應邀於台灣政府機關及大學、企業講學，並應邀至美國哈佛大學、麻省理工學院、俄亥俄大學，中國北京、人民、清華大學，上海師範、復旦大學等世界知名學府講學。2018年完成人類史上最巨大畫作：世紀大佛。

　　著有《禪觀秘要》等〈高階禪觀系列〉及《現觀中脈實相成就》等、〈密乘寶海系列〉，著述超過二百部。

　　殊榮：1990年獲台灣行政院文建會金鼎獎、2009年獲舊金山市政府頒發榮譽狀、2010年獲不丹皇家政府頒發榮譽狀。

龔玲慧

　　台灣覺性地球協會會長、台灣不丹文化經濟交流協會會長、南玥覺性藝術文化基金會董事長、雲岡石窟禪法教學總顧問、豐橋美語學校創辦人。1985年起於洪啟嵩禪師門下習禪，1987年起開始教授禪定。2009年與美國哈佛醫學研究中心合作，進行「禪定狀態下的腦成像」研究。

　　1993年踏入英語教學領域，創發No Chinese「全美語教學法」，掀起風潮，應邀全省巡迴演講，2011年至中國北京大學及中國人民大學演講「三分鐘開口說英文」，獲廣大迴響。曾接受中國時報、工商時報、中廣、央廣，ELLE雜誌，及TVBS電視、民視等各大媒體專訪。著有：《零蛋英文老師》、《打通英語學習任督二脈》、《超專注力》。

國家圖書館出版品預行編目資料

超專注力 ／ 洪啟嵩，龔玲慧著. -- 初版.. -- 臺
北市：商周出版：家庭傳媒城邦分公司發行，
2013. 02
　面；　公分. -- (ViewPoint ; 60)
ISBN 978-986-272-326-5(平裝)

1.注意力 2.生活指導

176.32　　　　　　　　　　　　102001466

ViewPoint 60X

超專注力（修訂版）

作　　　者／洪啟嵩、龔玲慧
內 頁 插 畫／六十九
企 畫 選 書／黃靖卉
責 任 編 輯／林淑華

版　　　權／翁靜如、吳亭儀、林心紅
行 銷 業 務／張媖茜、黃崇華
總　編　輯／黃靖卉
總　經　理／彭之琬
發　行　人／何飛鵬
法 律 顧 問／元禾法律事務所王子文律師
出　　　版／商周出版
　　　　　　台北市104民生東路二段141號9樓
　　　　　　電話：(02) 25007008　傳真：(02)25007759
　　　　　　E-mail：bwp.service@cite.com.tw
發　　　行／英屬蓋曼群島商家庭傳媒股份有限公司城邦分公司
　　　　　　台北市中山區民生東路二段141號2樓
　　　　　　書虫客服服務專線：02-25007718；25007719
　　　　　　服務時間：週一至週五上午09:30-12:00；下午13:30-17:00
　　　　　　24小時傳真專線：02-25001990；25001991
　　　　　　劃撥帳號：19863813；戶名：書虫股份有限公司
　　　　　　讀者服務信箱：service@readingclub.com.tw
　　　　　　城邦讀書花園 www.cite.com.tw
香港發行所／城邦（香港）出版集團
　　　　　　香港灣仔駱克道193號東超商業中心1樓_ E-mail : hkcite@biznetvigator.com
　　　　　　電話：(852) 25086231　傳真：(852) 25789337
馬新發行所／城邦（馬新）出版集團【Cite (M) Sdn Bhd】
　　　　　　41, Jalan Radin Anum, Bandar Baru Sri Petaling, 57000 Kuala Lumpur, Malaysia.
　　　　　　電話：(603) 90578822　傳真：(603) 90576622

封 面 設 計／行者創意
內 頁 設 計／林曉涵
印　　　刷／前進彩藝有限公司
經 銷 商／聯合發行股份有限公司
　　　　　　新北市231新店區寶橋路235巷6弄6號2樓
　　　　　　電話：(02) 29178022　傳真：(02) 29110053

■2013年2月6日初版　　　　　　　　　　Printed in Taiwan
■2018年8月2日二版
定價320元

城邦讀書花園
www.cite.com.tw